機関銃英語が聴き取れる！

リスニングの鍵はシラブルとビート

上川一秋・ジーナ ジョージ 著

CD付

From the sound of a machine gun to a word like a music. The sound in the throat makes your listening skill perfect. From the sound of a machine gun to a word like a music. The sound in the throat makes your listening skill perfect. From the sound of a machine gun to a word like a music. The sound in the throat makes your listening skill perfect. From the sound of a machine gun to a word like a music. The sound in the throat makes your listening skill perfect.

SANSHUSHA

はじめに

　ネイティブ同士の会話は、まるで機関銃の音のように聞こえて、人間の言葉とは思えないと思ったことはありませんか？

　どんなに勉強しても理解できるのは、日本人学習者向けにしゃべっている学習番組や教材付属 CD の英語だけ、という方は意外と多いようです。ニュース英語が少し分かるようになった上級者でも、ネイティブ同士がしゃべり始めると、とたんについていけなくなる、という話をよく聞きます。

　なぜ、日本人はこんなに英語の聞き取りが苦手なのでしょうか？

　本書は、この疑問への解答です。
　実は、答えは驚くほど簡単です。「シラブル（音節）」と「ビート」という２つのことを知らないのが原因なのです。

　まず１つ目の「シラブル」という単語を知っている方は、少ないかもしれません。
　「シラブル」とは、音の小さな単位で、日本語では平仮名にあたります。例えば「は、る、ま、き」は日本語では４シラブルですが、英語の SPRING ROLL（春巻き）は決して「ス、プ、リ、ン、グ、ロー、ル」の７シラブルではありません。ネイティブなら子供でも、２シラブルだと分かりますが、みなさんは意識したこと

はないのではないでしょうか？

　本文で説明させていただきますが、英語のシラブルの数は母音の数と同じです。日本語風に読んだときの母音ではなく、「SPRING ROLL」のスペルにある母音の「I」と「O」です。

　もう１つの原因は「ビート」です。
　ほとんどの言語は、１つのシラブルに３つの音が入る３ビートですが、日本語は２つの音しか入らない２ビートです。マーチのような２ビートとワルツのような３ビートでは、あまりにもリズムが違うため、日本人は英語を聞いたとき、シラブルの切れ目が分かりません。例えるなら、外国人が「わさび（WASABI）」という言葉を聞いて「わ、さ、び」の３つの平仮名からなることが分からず「W/AS/AB/I」って何？　と悩んでいるようなものです。これでは聞き取りは難しいはずですよね。

　本書は、ビートにのって英語のシラブルが聞こえるようになる方法を紹介しています。本書の方法をマスターすれば、英語の音がすんなり聞こえてくるので、英語を聞くのが楽しくなります。
　さあ、本書を読んで、機関銃のように聞こえる英語を、安心して聞き取れる人間の言葉に変身させましょう。

2009年　春
上川一秋
ジーナ ジョージ

本書の特徴

　機関銃音のように聞こえる、ネイティブ同士の自然な英語を聞き取れるようになることが本書の目的です。そのために、英語のシラブルが分かるようになる練習をします。

　まず、基本編では、英語のシラブルを勉強した後、簡単な練習をします。感覚をつかんでいただくために、本文で明示したシラブルを見ながら、聞いたり、読んだりしていただきます。

　次に、実践編では、自分でシラブルが分かるようになるための練習をします。実際の会話では誰も、シラブルの区切を教えてはくれませんので、大切な練習です。

　さらに、発展編では、英語の音をはっきりと聞き取れるようになるために、喉から出ている深い音に耳を傾ける方法を紹介いたします。喉の音に耳を傾ければ、LやRの違いなどが、たちまち理解できるようになります。

　最後の練習編では、たくさんの会話を聞いて、勉強したことが身につくように練習します。

CONTENTS

本書の特徴 …………………………………………………… 5
本書の使い方 ………………………………………………… 9
付属 CD の使い方 ………………………………………… 10

■ 基本編

第 1 章　英語が「機関銃」に聞こえる原因 1 ………… **12**
シラブルを知らない

第 2 章　英語が「機関銃」に聞こえる原因 2 ………… **18**
英語が 3 ビートであることを知らない

COLUMN
英語に「ー（伸ばす記号）」や小さな「ツ」はない …… 24

■ 実践編

第 3 章　英語が「機関銃」に聞こえる原因 3 ………… **26**
3 ビートについて行けない

COLUMN
日本語初心者が「来て」と「切手」が苦手な理由 …… 33

第 4 章　英語が「機関銃」に聞こえる原因 4 ………… **34**
シラブルが見分けられない

COLUMN
ネイティブ英語はなめらかすぎて聞き取れない？ …… 40

COLUMN
多くの言語は 3 ビート ……………………………… 42

■発展編

第5章　喉の音に耳をすませば聞こえ始める **44**
日本語は口発音、英語は喉発音

第6章　日本人の苦手なア **48**
HOT と HAT と HUT

COLUMN
大げさなのは日本人!? 53

第7章　日本人の苦手なイ **54**
SHEEP と SHIP

COLUMN
英語はハキハキ話すと通じない 58

第8章　日本人の苦手な子音のペア L と R **60**
LED と RED

COLUMN
日本人は幼児期に声変わりする!? 65

第9章　日本人の苦手な子音のペア S と TH **66**
SINK と THINK

COLUMN
喉発音とアクセント 69

第10章　日本人の苦手な子音のペア Z と th **70**
ZEE と THEE

第11章　日本人の苦手な子音のペア B と V **74**
BERRY と VERY

第 12 章　両方ともアーに聞こえる Ar と Er のペア ……78
HEART と HURT

COLUMN
日本人とアメリカ人では喉の使い方が違う ………… 82

COLUMN
喉発音すると音が自然につながる ……………… 84

■練習編

聞き取りの練習をしよう ……………………… 86

COLUMN
聞き取り 100％を目指して …………………… 105

■チャレンジ編

さらにきわめたい方へ ………………………… 108

■付録

発音練習表 ……………………………………… 118

本書の使い方

●独自の発音記号

本書で使用する発音記号は、従来の発音記号とは違います。

日本語にもある音は大文字、ない音は小文字です。

A　a

ゲップエリアで発音する音にはアンダーラインを引いています。

a

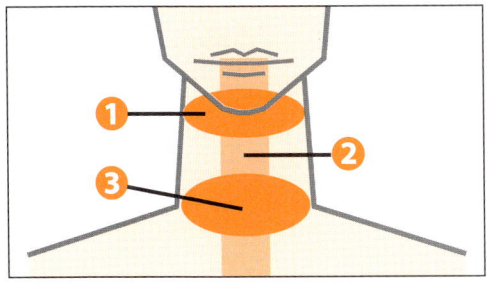

❶ アクビエリア
❷ 声帯
❸ ゲップエリア

→詳しくは P44 以降に記述。

　また、読みやすさを優先したため、発音記号は厳密ではありません。最も簡単に読めそうな記述を選んでいます。

付属 CD の使い方

●英語を聞きながら日本語に訳す必要はない

　本書ではネイティブ英語を聞き取れるようになることを第一の目的にしています。聞きながら訳していると、「音」に集中できません。意味は忘れて、音だけに集中してください。

●初めから暗記をしようとしてはいけません

　CD を聞くとき、本を見るのを最小限にしましょう。書かれた文字を覚えることに時間を割いても、耳のトレーニングにはなりません。もちろん自然に覚えてしまうのは、よいことです。

●発音記号よりも、自分の耳を頼りにしてください

　発音記号が完璧に書けても、発音できなければ意味がありません。音とリズムをつかむことを優先してください。まずは自分の耳を頼りに聞き、発音記号は後で確認しましょう。

●発音はゆっくりと

　確認のため自分で発音する際は、ゆっくりで構いません。早く読んでも、発音をごまかすことはできません。1つ1つの音とリズムを大切にしてください。

●イントネーション

　ナレーションは、少しだけイントネーションの強調された音声を使いました。平たんな音声よりもシラブルのリズムをつかみやすいからです。リズムに慣れたら、できるだけイントネーションを無視して、まねをしたり、聞く練習をしてください。

基本編

第1章 英語が「機関銃」に聞こえる原因1

シラブルを知らない

　日本人が英語を聞き取れない最大の理由は、シラブル（音節）を完全に無視して聞いていることです。

　「シラブル」とは、音の小さな単位で、日本語では平仮名にあたります。 例えば「は、る、ま、き」は日本語では4シラブルですが、英語のSPRING ROLL（春巻き）は決して「ス、プ、リ、ン、グ、ロー、ル」の7シラブルではありません。スペルにある母音の数と同じで「SPRING ROLL」なら「I」と「O」の2つです。

　「シラブルは音の小さな単位」と言われても、まだピンとこない方もいるかもしれません。
　つまり**「音の小さな塊」**だと考えてください。
　会話では、話す人がこの塊をキャッチボールのように、次々と投げます。そして、聞いている人がその塊をきちんと、順番どおりに正しく受け取れば、聞き取れたことになります。しかし、その塊がいくつ来るのか予測できない状態では、きちんと受け取れません。これが、音の最小の塊であるシラブルが分からなければ、聞き取れないと言う意味です。

　例えば、さよならはGOOD BYEですが、この音を、ネイティ

基本編

ブは2シラブル（＝2つの塊）として投げてきます。GOODが1球目、そしてBYEを2球目です。

ところが、英語が聞き取れない方は、この表現を2球だと知らずにキャッチしようとしています。これでは言葉を正しくキャッチすることができません。

2つの塊でできた単語を、いくつか分からず聞いているので、ネイティブの英語が聞き取れないのです。

Let's try

　日本人のイメージにある発音と正しいネイティブ発音を聞き比べてみましょう。特にシラブルの分け方と数に気をつけて聞いてください。

Good Morning

日本人のイメージ　GOO-D-MO-R-NI-N-G
　　　　　　　　　ぐっ - ど - も - お - に - ん - ぐ

ネイティブの発音　GOOD-MORN-NING

Happy Birthday

日本人のイメージ　HA-P-PI-BIR-TH-DE-I
　　　　　　　　　は - っ - ぴい - ばあ - す - で - い
ネイティブの発音　HAP-PIB-BIRTH-DEI

基本編

Let's practice

STEP 1　Track2

　単語、表現を2回ずつ読みます。まずはボンボンボンという感じのシラブルのリズムを聞き取り、2回目は、シラブル数を数えてください。

　まずは例を聞いてください。やや大げさに発音しています。
例 RADIO
　ボンボンボンですから、シラブル数は3です。

　それでは始めましょう。

TELEVISION
TELEPHONE
SOFA
CD
CD PLAYER
HOW ARE YOU?
I AM FEELING FINE.
AND YOU?
WHERE ARE YOU FROM?
FROM OSAKA.

答え

	シラブルのリズム	シラブル数
TELEVISION	ボンボンボンボン	4
TELEPHONE	ボンボンボン	3
SOFA	ボンボン	2
CD	ボンボン	2
CD PLAYER	ボンボンボンボン	4
HOW ARE YOU?	ボンボンボン	3
I AM FEELING FINE.	ボンボンボンボンボン	5
AND YOU?	ボンボン	2
WHERE ARE YOU FROM?	ボンボンボンボン	4
FROM OSAKA.	ボンボンボンボン	4

STEP 2　　Track3

　速度も発音も自然な英語で読みます。シラブルのリズムが聞こえるか確認してみましょう。

Jeana : I'm going to Osaka.
　Kaz : What are you gonna do there?
Jeana : I'll meet my friends for lunch.
　Kaz : They have a lot of great restaurants in Umeda.
Jeana : Yeah, I've heard that.

ジーナ：大阪に行ってくる。
カ　ズ：大阪で何をするの？
ジーナ：友達に会って、ランチしてくるわ。
カ　ズ：梅田にたくさんいいレストランがあるよ。
ジーナ：評判は聞いたわ。

HINT　意味は忘れてシラブルに集中

本書で英語を聞くときは、意味は考えなくて大丈夫です。肝心なのは、それよりシラブルに意識を集中することです。また、音の上下や強弱なども無視してください。シラブルのリズムを聞き取ることが練習の目的ですので、意味、音程、強弱に惑わされることなく、シラブルだけに集中しましょう。

第2章 英語が「機関銃」に聞こえる原因2

英語が3ビートであることを知らない

　聞き取れない原因は、シラブルのほかにもう１つあります。それは、日本語と英語のビートの違いです。

　日本語は２ビートですが、英語は３ビートです。３ビートの英語を２ビートの日本語の耳で聞こうとしても、決して聞き取れないのです。３ビートのワルツに合わせて２ビートの行進をしようとしても、足が合わないですよね。

　２ビートか３ビートかというのは、１シラブルでいくつ音を運ぶかということです。日本語のシラブルは、２つの音を運びますから日本語は２ビートで、英語のシラブルは、３つの音を運びますから、英語は３ビートとなります。

　それでは具体例をあげてご説明します。

　テニスという単語は日本語では「テ」「ニ」「ス」と発音しますので、３シラブルです。基本的に１つのシラブルに「子音＋母音」の２つの音が含まれています。

T　E　-　N　　I　-　S　　U
（子音＋母音）（子音＋母音）（子音＋母音）

　個々のシラブルに２つの音があるので、日本語は２ビートと言います。２ビートとは「ダダダ」という感じのリズムです。人の行進に合うマーチングバンドの演奏をイメージするとよいでしょう。

　一方、英語の TENNIS は２シラブルで「TEN」「NIS」と発音します。次のように、１シラブルに「子音＋母音＋子音」の３音が含まれています。

　　T　E　　N　-　N　　I　　S
（子音＋母音＋子音）（子音＋母音＋子音）

　個々のシラブルに３つの音があるので、英語は３ビートと言います。３ビートとは「ボンボンボン」という感じのリズムです。馬の歩いている音やワルツをイメージするとよいでしょう。

Let's try

　英語を聞き、リズムの違いを感じてみましょう。2ビートである日本語は「ダダダ」というリズムが聞こえます。3ビートである英語は「ボンボンボン」というリズムが聞こえます。

日本語
TE-NI-SU ダダダ
KU-RI-SU-MA-SU ダダダダダ
BE-SU-TO-FU-RE-N-DO ダダダダダンダ
WA-RU-DO ダーダダ

英語
Ten-nis ボンボン
Christ-mas ボンボン
Best-friend ボンボン
World ボン

　日本語では伸ばす音、小さい「ツ」や「ン」の影響で「ダ」が「ダー」「ダッ」「ダン」になることがあります。これは、英語にはない現象です。英語では「ボン」の長さが微妙に違うことがありますが、特に気にする必要はありません。

基本編

Let's practice

STEP 1
Track5

　英文を2回ずつ読みます。1回目はボンボンボンのリズムに専念して、聞いてみてください。2回目はボンボンという感じのシラブルがいくつあるかを数えながら聞いてみましょう。意味を取ろうとせず、音楽を聞くように、リズムに意識を集中させて、聞きましょう。

まずは例を聞いてください。

例 What's up?

　「ワッツ」「アップ」はボンボンですから2シラブルです。

　それでは始めましょう。

1. (　　) シラブル
2. (　　) シラブル
3. (　　) シラブル
4. (　　) シラブル
5. (　　) シラブル

答え	1. <u>Can</u> <u>mom</u> <u>come</u>?	3シラブル
	2. <u>Did</u> <u>Jim</u> <u>get</u> <u>well</u>?	4シラブル
	3. <u>Din</u> <u>ner</u> <u>was</u> <u>fun</u>.	4シラブル
	4. <u>Wel</u> <u>come</u>.	2シラブル
	5. <u>Have</u> <u>some</u> <u>cof</u> <u>fee</u>.	4シラブル

HINT　意味は取らずにリズムに集中

ここでは意味を取ろうとせず、リズムに集中してください。

STEP 2　　　　　　　　　　　　　　　　Track6

　速度も発音も自然な英語で読みます。シラブルのリズムが聞こえるか確認してみましょう。

Jeana : What sport did you play in high school?
　Kaz : I played Kendo.
Jeana : What kind of sport is that?
　Kaz : It's a kind of martial art with a stick sword.
　　　　All together I played Kendo for six years.
Jeana : We don't say "play a martial art." "Play" has some fun
　　　　element to it. We feel martial arts have mind and
　　　　physical training so we use the more serious verb,
　　　　"study."

ジーナ：高校では何のスポーツをしてた？
カ　ズ：剣道をやってた。
ジーナ：それってどんなスポーツ？
カ　ズ：棒を使った格闘技みたいなもの。合計で6年間剣道をやったよ（PLAY）。
ジーナ：武道の場合は PLAY とは言わないんですよ。PLAY っていうと楽しいっていう要素があるんだけど、武道を学ぶには、肉体だけでなく精神のトレーニングがいるという感じ。だからもっとシリアスな響きのする STUDY という動詞を使うの。

COLUMN

英語に「ー（伸ばす記号）」や小さな「ッ」はない

　英語は「ボンボンボン」というリズムの言語ですが、日本人は、母語である日本語のように音を伸ばしたり、小さな「ッ」がある言葉だと思い込んでいました。しかし、英語を聞くときは、実は「ボンボンボン」のリズムだけでよいのです。

　例えば「GOOD」は、日本人には「グッド」と、小さい「ッ」を追加して聞こえます。発音するときも、GOODを「ダッダ」という感じのリズムで言ってしまいがちですが、これを機に直しましょう。GOODは1シラブルですから、ボンの1リズムで発音します。

　CARは、日本語で「カー」と書きますから、あたかも「カ」を伸ばしているように思えるかもしれません。しかし、伸ばしているように思える部分は「R」です。Rの発音は、犬がうなるような音で、日本人の感覚で聞くと、母音のアの延長のように聞こえます。「CA（カ）」のあとに「ア」に似た音がつながるのを聞いて「カー」だと思ってしまっていたのです。

　英語は、音の長さで意味は変わりません。例えば本書のアメリカ人著者の名前は「Jeana」ですが、「ジナ」と言おうが「ジーナ」と言おうが、どちらも正解です。同様に、あいさつの「Hi」を「ハイ」と言っても「ハーイ」と言っても意味は変わりません。一方日本語ではそうはいきません。おじさん、おじいさん、王子さん、オージーさん…と音の長さを変えると意味も変わってしまいます。

　英語を聞くとき、音の長さに惑わされないでください。「Hi」と言われたとき、ハイと短い音を聞いても、ハーイと長めの音を聞いても、「ボン」の1リズムだと思って聞きましょう。

実践編

第3章 英語が「機関銃」に聞こえる原因3

3ビートについて行けない

　ここからは、シラブルの切れ目が実際の会話で分かるようになるために、3ビートを詳しくご説明いたします。

Point 1 「子音＋母音＋子音」の塊に分ける

　すでに勉強したように、「子音＋母音＋子音」の塊を1シラブルとします。

　　　P　I　C - N　I　C（2シラブル＝2拍）
「子音＋母音＋子音」「子音＋母音＋子音」

　ネイティブは「PIC」と「NIC」を、各一拍で発音します。また「PIC」と「NIC」は、スムーズにつなげます。手を叩いて拍子をとりながら発音してみてください。

Point 2 同じ子音が2つ続いていても同じ

　同じ子音が2つ続いている単語もあります。その場合も、同じように「子音＋母音＋子音」の塊を1シラブルとします。

　　　S　U　M - M　E　R（2シラブル＝2拍）
「子音＋母音＋子音」「子音＋母音＋子音」

Point 3　子音の数が足りないときは同じ子音を足す

「子音＋母音＋子音」の塊に分けようとしても、子音の数が足りない単語があります。その場合は、同じ子音を1つ増やしてください。

JAPAN は次のようになります。

　　J　　A　　P　-　P　　A　　N（2シラブル＝2拍）
「子音＋母音＋子音」「子音＋母音＋子音」

Point 4　母音で始まる単語・終わる単語は1シラブル

「IF」「IT」など母音で始まる単語や「THE」など、母音で終わる単語は、1シラブルとみなし、1拍で発音します。

IF　（1拍）
THE　（1拍）

ただし、これらの単語も、当然文の中で使われますから、下で説明するように、前後の単語とつながって使われます。

Point 5　単語と単語もつながる

最後にまとめて、シラブルを文章全体で見てみましょう。単語同士もつながるので、まるで文章自体が長めの単語のように発音されます。

　　This is a pen.　　　THIS-SIZ-ZAP-PEN　　　（4拍）
　　My bag is full.　　 MAIB-BAG-GIZ-FULL　　（4拍）

How much is it ?　HOW-MUCH-CHIZ-ZIT　（4拍）

　文章中で子音が足りない時は Point 3 で勉強したように、同じ子音を足します。以下の2つの文を見てください。IS という簡単な単語でさえ、1番目の文では「GIZ」ですが、2番目の文では「NIZ」となります。

　My bag is ...　MY-BAG-GIZ ...　（3拍）
　My pen is ...　MY-PEN-NIZ ...　（3拍）

　IZ の前が G か N かを正確に聞き取ることから始めようとすると、大変です。そもそも、実際の会話では、次の瞬間に何の単語が来るのか分かりませんから、「G かな N かな」と待つことに意味はありません。常に単語をボンボンボンというリズムで聞いているうちに、自然にすべての音が聞けるようになります。

HINT　一度にシラブルと3ビートを意識するのは難しいときは？

一度にシラブルと3ビートを意識するのは難しいという方は、まず、シラブルのリズムを聞くことから始めましょう。ラジオ番組など、ネイティブの英語を遠くから聞いてみてください。イヤホンで聞く場合は、イヤホンを耳から少し離して聞いてみましょう。細かい音が聞こえにくいからこそ、リズムだけが聞こえてくることでしょう。
スピーカーの場合は、音を大きめにして隣の部屋から聞いて

みてください。細かい音は聞き取れず、壁を伝わってこもった、ボンボンボンという英語のリズムだけが聞こえてくるでしょう。そのリズムがまさにシラブルなのです。

そのリズムが聞こえるようになったら、今度は音源に近づいて、細かい音を含めて聞いてみましょう。ボンボンボンのリズムがまだ聞けるでしょうか。意味を考えずに聞いてください。また、気が散ってしまうので、音程や強勢は無視してください。

どうしても意味が入ってきて、リズムに集中できないという、上級者の方は、意味が分からない外国語で、同じ事をしてみてください。ヨーロッパ言語なら、3ビートの原理は変わりません。例えば、フランス語で「こんにちは」は BONJOUR ですが、これは BON-JOUR という風に2拍で発音されます。（日本人はボ、ン、ジュー、ルだと理解してしまいます）

Let's try

Track7

英文を2回読みます。シラブルを1拍として読みましょう。1回目は、拍手に合わせて、2回目はシラブルとシラブルをできるだけスムーズにつなげて読んでみましょう。

Picnic	PIC-NIC
Summer	SUM-MER
Japan	JAP-PAN
If	IF
The	THE
This is a pen.	THIS-SIZ-ZAP-PEN
My bag is full.	MAIB-BAG-GIZ-FULL
How much is it?	HOW-MUCH-CHIZ-ZIT

Let's practice

STEP 1

Track8

英文に、シラブルはいくつあるでしょう。

1. (　　　) シラブル
2. (　　　) シラブル
3. (　　　) シラブル
4. (　　　) シラブル
5. (　　　) シラブル

実践編

答え

	シラブル分割	シラブル数
How much?	HOW-MUCH	2
You look funny.	YOUW-LUCK-FUN-NI	4
Let me know.	LET-MEN-NO	3
I cook sushi.	AIK-KUK-SUSH-SHI	4
What is the matter?	WAT-DIZ-THEM-MAT-DER	5

　最後の文で、WAT-TIZ となりそうな個所が、WAT-DIZ になっています。MAT-TER も MAT-DER と発音されました。なぜ T が D になったのかを詳しく勉強されたい方は、P110 や拙著『英語喉 50 のメソッド』をご参照ください。

STEP 2　　　　　　　　　　　　　　　　　Track9

　英文を、やや早口で読みます。意味を取ろうとせず、3ビートのリズムを聞き取ることに集中してください。

1. (　　　) シラブル
2. (　　　) シラブル
3. (　　　) シラブル
4. (　　　) シラブル
5. (　　　) シラブル

答え

	シラブル分割	シラブル数
What is your hobby?	WHAT-DIZ-YOUR-HOB-BY	5
How far will he go?	HOW-FAR-WILL-HEG-GO	5
You told him?	YOUT-TOLD-HIM	3
That is all.	THAT-DIZ-ALL	3
Enjoy your food.	EN-JOY-YOUR-FOOD	4

STEP 3　　Track10

速度も発音も自然な英語で読みます。シラブルのリズムが聞こえるか確認してみましょう。

　Kaz : What was the first Japanese anime you saw?
Jeana : I used to watch Star Blazers in America.
　Kaz : That is called Uchu-senkan Yamato in Japanese.
Jeana : That was such a great anime. At the time, I didn't know it was a Japanese anime.

カ　ズ：初めて見た日本のアニメって何だった？
ジーナ：アメリカで『スターブレーザー』を見てた。
カ　ズ：それ日本語では『宇宙戦艦大和』って呼ばれてる。
ジーナ：本当にすばらしいアニメだったわ。当時は日本のアニメだったとは知らなかったの。

COLUMN

日本語初心者が「来て」と「切手」が苦手な理由

　英語ネイティブの日本語初心者は、「来て」と「切手」を同じように発音してしまうのですが、シラブルと3ビートの理論で考えると納得できます。

　まずアルファベットで書くと、次のようになります。

切手 ⟶ KITTE
来て ⟶ KITE

次に、子音−母音−子音に分けます。

切手（KITTE）⟶ KIT-TE「子音＋母音＋子音」「子音＋母音＋#」
来て（KITE）　⟶ KIT-TE「子音＋母音＋子音」「子音＋母音＋#」

　このように、「切手」も「来て」も、同じになってしまうのです。2番目のシラブルの最後は子音がなく、また右隣に借りてくる音がありませんから音は欠けたままです。日本語学習者が、この2つを正しく発音するためには、喉や口を緊張気味にして、正しく真似る必要があります。

　次は、3ビートの話です。例えば日本語のワサビという単語を、3ビートを意識したスペルにすると以下のようになります。

WASABI　　　（普通のスペル）
WASSABBI　（3ビートを意識したスペル）

これをネイティブに発音してもらうと、全く同じ発音が返っています。

　また、ACCOUNTという単語を、ACOUNTと、Cが1つ抜けた間違ったスペルで書いて、英語ネイティブに読んでもらってみてください。Cが2つでも1つでも、同じように読みます。ネイティブは、スペルがどうであろうと、3ビートの読み方をしている証明です。

第4章 英語が「機関銃」に聞こえる原因4

シラブルが見分けられない

　聞き取りでシラブルが重要なことはお分かりいただけたかと思います。ただ、実際シラブルを見分けるには、変則的なスペルもあり、迷うことがありますので、見分け方のコツを紹介いたします。

Point 1　シラブルの数は母音の数

　単語や文に含まれるシラブルの数は母音の数を見れば分かります。シラブルの中心にはたいてい母音がありますから、母音の数がシラブルの数となります。

		母音	シラブル数
Desk	DESK	E	1
Hello	HEL-LO	E,O	2

　ただし、単語の最後の母音（字）は読まない場合があります。読まない字は、当然シラブル数に含めないでください。

例　LINE　FINE　CREPE

実践編

Point 2　二重母音は1つ

母音が続くケースを二重母音と呼びます。母音が2つであっても、ネイティブはスムーズにつなげて読みますから、1つの母音とみなしてください。

例えばIは「アイ」と読みますが、1つの母音として数えます。

		母音	シラブル数
Right.	RAIT	AI	1
Like Jane.	LAIK-JEIN	AI,EI	2

Point 3　連続する子音は1つ

子音が複数連続する場合も同じです。ネイティブは複数の子音をスムーズにつなげて、1つの塊として読みます。1つの子音と見なしてください。

spring

SPR、NGを1つの子音とみなします。そうすると、この単語は子音（SPR）- 母音（I）- 子音（NG）となり、1シラブル（1拍）で発音されます。

rats

TSを1つの子音とみなします。そうすると、この単語は子音（R）- 母音（A）- 子音（TS）となり、1シラブルで発音されます。

第4章

Point 4　母音が連続すると W が生じる

特定の母音が連続するとき、W が自然発生することがあります。

You are …　YOU<u>W</u>-<u>W</u>AR
Joe is …　　JOE<u>W</u>-<u>W</u>IZ

Point 5　母音が連続すると Y が生じる

特定の母音が連続するとき、Y が自然発生することがあります。

I am …　　　AI<u>Y</u>-<u>Y</u>AM
She is …　　SHE<u>Y</u>-<u>Y</u>IZ

HINT　リスニング力を伸ばす鍵はシラブルだ

英語を聞くときには、シラブルを1つ1つ確実に聞き取ることがとても大切です。単語ごとに聞こうとしてきた方は、壁にぶつかっているのではないでしょうか。知っている単語が聞こえないかと、部分、部分を聞こうとしているのだと思いますが、完璧な聞き取りを目指すなら、シラブルの1つ1つをきちんと受け取ることが重要になってきます。

英会話をする機会がある人は、早くしゃべろうとせず、ゆっくりと落ちついて、1つ1つのシラブルを大切にしながら、しゃべってみてください。

その際、ぶつ切りにならないように注意しましょう。特に上級者は慣れているがために、早く言い終えることにとらわれてしまい、特に短い単語は速く発音してしまいがちです。例えば、BE 動詞の IS とか、定冠詞の THE などを大雑把に発音

実 践 編

してしまうと、あなたの英語は聞き取りづらくなります。英語には強く読む部分と弱く読む部分があるという考え方を変えましょう。弱く発音してしまうと、その部分の音が聞こえなくなるからです。

Let's try
Track11

英文を2回読みます。シラブルを1拍として読みましょう。1回目は、拍手に合わせて、2回目はシラブルとシラブルをできるだけスムーズにつなげて読んでみましょう。

Desk	DESK
Hello	HAL-LO
Right.	RAIT
Like Jane	LAIK-JEIN
spring	SPRING
rats	RATS
You are right.	YUW-WAR-RAIT
Joe is cute.	JOW-WIZ-KIUT
I'm home.	AIM-HOME
She is tall.	SHIY-YIZ-TAL

第4章

Let's try

Track12

　英語を２回読みます。１回目は、手拍子に合わせて、２回目はシラブルとシラブルをできるだけスムーズにつなげて読んでみましょう。ここでは正しい音を出す必要はありません。３ビートだけに集中してください。

　なお、本書では読みやすさを優先したため、各項目下にある発音記号は厳密ではありません。例えば TUESDAY を TUS-DEI と示しました。TUES-DEI とか、TUES-DAY と書くこともできますが、最も簡単に読めそうな記述を選んでいます。

曜日
Sunday, Monday, Tuesday, Wednesday, Thursday, Friday, Saturday

SUN-DEI, MON-DEI, TUS-DEI, WENZ-DEI, THURS-DEI, FRAI-DEI, SAT-TUR-DEI

月
January, February, March, April, May, June, July, August, September, October, November, December

JAN-NUW-WAR-RY, FEB-YUW-WER-RY, MARCH, EIP-PREL, MEI, JUN, JUL-LAI, AUG-GUST, SEPT-TEM-BER, OCT-TOB-BER, NOV-VEM-BER, DEC-CEM-BER

国名

America, Australia, Britain, Canada, India, Ireland, New Zealand

AM-MEIR-RIK-KA, AUS-STRAL-YA, BRIT-TIN, CAN-NAD-DA, IN-DIY-YA, AIY-YER-LAND, NEW-ZEAL-LAND

英語になっている日本語と地名

Kimono, Tsunami, Kabuki, Hiroshima, Kobe

KIM-MON-NO, TSUN-NAM-MI, KAB-BUK-KI, HIR-ROSH-SHIM-MA, KOB-BE

COLUMN

ネイティブ英語はなめらかすぎて聞き取れない？

　ネイティブ英語がなめらかすぎて、切り目が分からないので聞き取れないと思ったことはありませんか？　それはシラブルをスムーズにつなげて読んでいるからです。それを理解するために、スウィングとフォロースルーという概念を、SUMMER という単語で紹介します。

$$S\text{-}U\text{-}M\,/\,M\text{-}E\text{-}R$$

❶スウィングの M　❷フォロースルーの M

$$S\text{-}U\text{-}(M\,/\,M)\text{-}E\text{-}R$$

　最初の M はシラブルの終わりの M です。これをスウィングの子音と呼びます。続くシラブルの頭の M は、フォロースルーの子音です。スウィングの子音はその音の中間まで（M だと口が開いている状態から喉がなり始め、上唇と下唇がくっつくまで）を発音します。フォロースルーの子音は中間から終わりまで（M だと上唇と下唇が離れるところから）を発音します。もう 1 つの例を見てみましょう。同じ要領で子音を半分ずつ発音します。

PIC-NIC
1　スウィングの C　（C の中間までを読む）
2　フォロースルーの N　（N の中間からを読む）

　音を半分ずつ発音するということは、音には全体があるということでもあります。このことを「音のライフサイクル」と呼びます。
　難しいようですが、シラブルとシラブルをつなげてスムーズに読んで

いれば、自然に発生する現象です。ボンボンボンのリズムを刻み、スムーズに発音すると、自然にそうなります。

　シラブルをスムーズにつなげて読むことはとても大切です。スムーズでない英語は、分かりにくいだけでなく怒っているように聞こえます。英語でシラブルや単語を CHOPPY（ぶつ切り的）に発音するのは、怒っているか、命令をしているときだけだからです。

　スムーズにシラブルをつなげるための練習法があります。文を読む練習をする前に、個々の音を無視して、一音だけで言ってみます。例えば、HOW ARE YOU ? という文をアだけで言ってみます。そのときに、アー（HOW）、アー（ARE）、アー（YOU ?）とぶつ切りにせず、アーーーと言う感じのつながった音として発声します。喉は開いたままでリラックスさせ、息をたくさん継続的に出しながら言います。トコロテンがするっと出るように、なめらかなひとつながりの音を出してください。なめらかさに自信がついて、実際の文章を読むときは、アーで発声したときの喉の感覚、音が息とともに滑らかに出る感覚で発音してください。

COLUMN

> ### 多くの言語は3ビート

　英語だけでなく、他のヨーロッパ言語では3ビートの原則は同じです。少し例を挙げてみましょう。

●フランス語
　　Bonjour（こんにちは）　　　　　　BON-JOUR
　　Japonais（日本人）　　　　　　　　JAP-PON-NEIZ
　　Je suis désolé（申し訳ありません）　JUS-SUIS-DEZ-ZOL-LE

●スペイン語の例
　　Gracias（ありがとう）　　　　　　　GRAS-SIAS
　　Gato（猫）　　　　　　　　　　　　GAT-TO
　　Es muy barato（とても安いです）　　ES-MUY-BAR-RAT-TO

　また、中国語では、漢字1つが1拍です。フランス語やスペイン語に比べるとシラブルとシラブルのつなぎ目は、スムーズではありません。
●中国語の場合
　　谢谢　　シェー　　シェー　　2拍
　　再见　　ツアイ　　チェン　　2拍
　　你好　　ニー　　　ハオ　　　2拍

　中国語を勉強している方は、1つの漢字＝1拍であることを再認識すると、通じやすくなると思います。例えば、ニーハオは、ダーダダという3シラブルではなく、正しくは2拍です。

発展編

第5章 喉の音に耳をすませば聞こえ始める

日本語は口発音、英語は喉発音

　日本語は、ほとんどが短い音からなる言葉です。音を短くするには、常に喉を緊張させて、音を出さなければなりません。そうしないと間延びしたしゃべり方になってしまいます。一方英語では、音を短くする必要性がありません。ですから、喉はゆったりとさせ、開けたままでしゃべります。

　日本語は口発音、英語は喉発音という違いがあるのです。

　日本人は、英語を聞くときに、口で響く細かい音を聞こうとしたために、音が聞き取れず、その聞こえにくい音を、英語には「曖昧な音がある」とか、「弱く読む音」があると誤解してしまいました。

　しかし、英語の音の一番大切な部分は口で響く細かい音ではなく、首の中で響く音です。**喉から沸き起こる、深めの音に耳を傾ければ、英語のどんな音でもクリアに聞くことができます。**

発展編

Let's try
Track13

口発音による英語　I am speaking in the mouth.
　　　　　　　　　（アイ　アム　スピーキング　イン　ザ　マウス）

喉発音による英語　I am speaking from the throat.

　それでは、喉発音を詳しくみていきましょう。
　喉には、首の上の方（アクビエリア）と首の根元（ゲップエリア）の2つの発音位置があります。

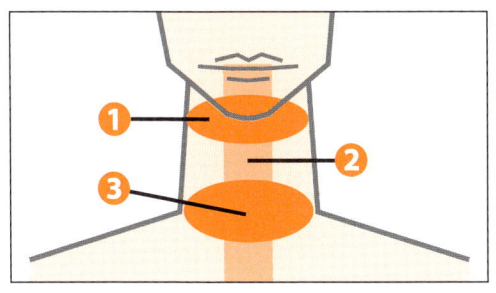

❶ アクビエリア
❷ 声帯
❸ ゲップエリア

　首の根元の発音エリアをゲップエリアと呼びます。 首から力が抜けていて、ゲップをすると、特に響く場所です。**首の上の方の発音点をアクビエリアと呼びます。** アクビをするときに動く筋肉の壁です。

　喉発音、アクビエリアもゲップエリアも、立体的にイメージしてください。つまり、上下だけでなく、水平の面積をもったエリアです。特にゲップエリアを首の前の方（鎖骨と鎖骨の間付近）だけだと勘違いすると、単に低く、ぎこちない音しか出せなくなります。

喉から出る音は、深く、立体的で、やや金属的な響きがしますが、特にアクビエリアの音はややクリーンな感じがします。ゲップエリアの音は、特にだみ声的な響きが強く、ビリビリと響いている感じがします。

> **HINT** **喉の開閉具合を鏡で確認**
>
> 自分で発音できれば、聞き取りやすくなることは確かですので、ちょっとだけ喉発音を試してみましょう。
>
> 喉を開けたままでリラックスさせてしゃべることで喉発音ができるようになります。日本人には喉を閉めているという実感が、普通はありません。まずはそのことに気づくことが大切です。日本語では喉が緊張気味であることを目で確認する方法があります。
>
> 大きく口を開けて、喉の奥を鏡に映してください。奥を見ながら、日本語のアイウエオとはっきり発音します。すると、喉の奥が、音を出すたびに、ピクピクと動いていることが分かります。この動きを止めつつ、喉を開いたままで、発声をしてみてください。力を入れることで喉を開くのではなく、喉全体の力を抜くことで、喉を開いたままにします。喉全体がよく響いた感じがして、声が深く立体的であれば、喉発音に成功しています。

発展編

Let's try

STEP 1
Track14

口発音と喉発音の響きの違いを聞いてみましょう。

口発音　あ、い、う、え、お
喉発音
　アクビエリア発音　あ、い、う、え、お
　ゲップエリア発音　あ、い、う、え、お

STEP 2
Track15

　Hello, Good Morning のあいさつ、笑い声、犬の鳴き声のまねを、聞いてみましょう。口ではなく喉から音が出ているんだということを意識しながら聞いてください。

男性

女性

　ネイティブは笑い声でさえ喉声です。喉で発音すると、音のモノマネも上手にできます。女性の声の場合は、最初は喉発音であることが分かりにくいかもしれません。声の高低ではなく、声の質（喉がきしむ感じ、金属的、立体的な感じ）を聞き取ってください。

第6章 日本人の苦手なア

HOT と HAT と HUT

　本章では、特に日本人の苦手な音のペアを選んで、喉発音の響きを体得していただきます。これまで日本人は、英語には曖昧な音があるとか、弱く読む音があると思い込んできました。それは喉の音を聞いていなかったために起きた勘違いです。喉の音を聞けば、英語には曖昧な音、ぼんやりした音は存在しないことが分かります。

　HOT、HUT、HAT に含まれる母音は、日本人にはすべてアに聞こえてしまいます。音を聞くとき、口の中のことは忘れて、喉から起こる深い響きに耳を凝らしてください。

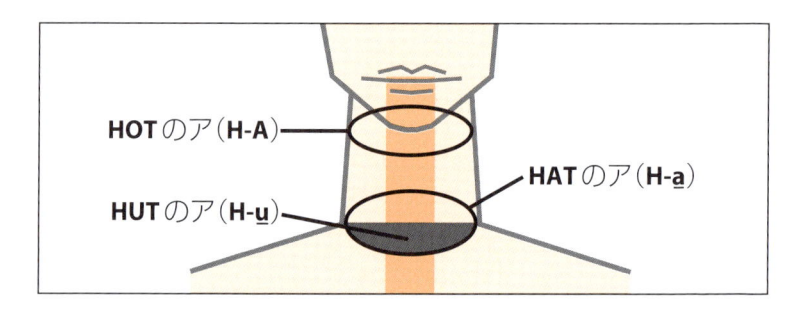

HOTのア（H-A）
HUTのア（H-u）
HATのア（H-a）

HOT のア（H-A）アクビエリア
HAT のア（H-a）ゲップエリア
HUT のア（H-u）ゲップエリア

発展編

　なお、本書で使用する発音記号は、従来の発音記号とは違います。ゲップエリアで発音する音にはアンダーラインを引いています。日本語にもある音は大文字、ない音は小文字です。

	従来の発音記号	本書の発音記号
HOT のア	a	A（アクビエリアで日本語のあ）
HAT のア	æ	a（ゲップエリア）
HUT のア	ʌ, ɚ	u（ゲップエリア）

Let's try　　　　　　　　　　　　　Track16

HOT

　日本語のアと同じ音がアクビエリアで響きます。喉で発音するので日本人の耳にはオのように聞こえるかもしれませんが、日本語のアと認識して聞き取ると音がクリアに聞こえるでしょう。

HAT

　日本語の感覚のままで聞くと驚いてキャーというときの感じアに聞こえるかもしれません。あえて例えると牛蛙の声のような音です。ゲップエリアで響く独特の音です。

HUT

　アとウの中間のような音色の音がゲップエリアで響きます。実はネイティブにとってはこの音はアよりもウに近い音です。そのことを知るだけでも、この音がはっきり聞こえ始めるでしょう。曖昧な音だと思っていた方もいると思いますが、about や again の語題のアも実はこの音です。

第6章

49

Let's practice

STEP 1　　　　　　　　　　　　　　　　　　　Track17

2つの単語を4回読みます。どちらの単語が読まれたか、書き取ってください。

1. HAT OR HOT ?
(　　　) (　　　) (　　　) (　　　)

2. CUT OR CAT ?
(　　　) (　　　) (　　　) (　　　)

3. MAP OR MOP ?
(　　　) (　　　) (　　　) (　　　)

4. BUT OR BAT ?
(　　　) (　　　) (　　　) (　　　)

5. WANDER OR WONDER ?
(　　　) (　　　) (　　　) (　　　)

発展編

答え 1. HOT HAT HAT HOT

解説 HOT はアクビエリアの A、HAT はゲップエリアの a です。

2. CUT CAT CUT CUT

解説 CUT はゲップエリアの u（HUT のア）、CAT はゲップエリアの a（HAT のア）です。

3. MAP MOP MAP MOP

解説 MAP はゲップエリアの a（HAT のア）、MOP はアクビエリアの A（HOT のア）です。

4. BAT BUT BUT BAT

解説 BAT はアクビエリアの a（HAT のア）、BUT はゲップエリアの u（HUT のア）です。

5. WONDER WANDER WANDER WONDER

解説 WONDER はゲップエリアの u（HUT のア）、WANDER はアクビエリアの A（HOT のア）です。

STEP 2　　　　　　　　　　　　　　　　　　　Track18

英文を読みます。口ではなく喉から音が出ているんだということを意識して聞いてください。

　Kaz : What is your favorite Japanese book?
Jeana : I loved Yukichi Fukuzawa.
　Kaz : Are you talking about his autobiography? Why do you like that book?
Jeana : He was very serious about Japanese people obtaining equal opportunities.

カ　ズ：日本の本で一番気に入っているのは何？
ジーナ：福沢諭吉が好き。
カ　ズ：彼の自伝だね。なぜあの本が好き？
ジーナ：彼は日本人が平等の機会を得ることに本当に真摯だったわ。

発展編

COLUMN

> ### 大げさなのは日本人⁉

　日本人は、西洋人は表情が豊かだと思いがちですが、西洋人は西洋人で、日本人の方が、顔の動かし方が大げさだと感じています。西洋人は、特に強い感情を表すためと個々の音を強調するために、口元の表情を変えますが、ごく普通の会話では口元をそれほど大げさには動かしません。外側から見た口の形は個々の音の発音に関係しないことを知っていて、口の形を極端に変えなくても音が出せるためです。

　一方日本人は、普通の会話でも、口が（西洋人に比べると）大きめに動きます。例えば、日本人がオハヨウというときには、それぞれの音に対して、口の開き方、開き具合が変わります。西洋人に比べるとやや大げさです。しかし、口の開け具合を固定しても（歯を噛みしめたまま、あるいは唇を固定した状態でも）、オハヨウと発音できるのではないでしょうか。試してみてください。

　英語の発音するときは、顔の表情が変わらないように注意しましょう。首、口の筋肉を練習だけでなく、顔の表情でさえ、リラックスさせて発音しないと、口発音ぎみになり、正しい音を出すことができません。日本語の感覚で英語を発音すると、母音の口の形が、すべての音に影響を与えてしまいます。

　実際に英語で海外の人とコミュニケーションをするときは、顔の下半分を「だらーん」とさせた方が、よいかもしれません。よく動く口元でない方が、ネイティブの気が散らず、誤解されにくくなると思います。もちろん表情はコミュニケーションにおいて大切ですが、自然な感情に任せるのがベストです。

第6章

第7章 日本人の苦手なイ

SHEEP と SHIP

　次は、イの音を見てみましょう。SHIP と SHEEP の違いも、喉で起こっているんだということを意識すれば聞こえてきます。

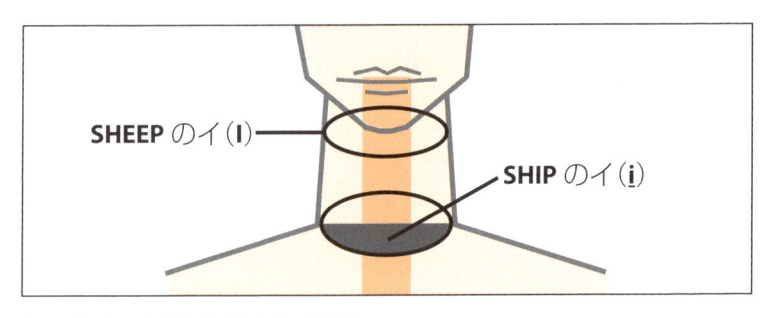

SHEEP のイ（I）　アクビエリア
SHIP のイ（i）　ゲップエリア

　なお、本書で使用する発音記号は、従来の発音記号とは違います。ゲップエリアで発音する音にはアンダーラインを引いています。日本語にもある音は大文字、ない音は小文字です。

	従来の発音記号	本書の発音記号
SHEEP のイ	i:	I（アクビエリアで日本語のイ）
SHIP のイ	i	i（ゲップエリア）

発展編

Let's try

Track19

SHEEP

日本語のイと同じ音がアクビエリアで響きます。

SHIP

日本語の感覚で言うなら、イのエと中間のような音がゲップエリアで響きます。日本語にはない音でイメージ的には、音が下の方に向けて発せられているように感じるかもしれません。

意外なところにこの SHIP のイが登場します。例えば以下の単語の下線部はすべてがこのイで、首の根元あたりで発音される音です。音の深みを聞き取ってください。カッコのなかでは、分かりやすいようにと、あえてカタカナ表現を使いました。

JAPANESE（ジャピニーズ）
NATION（ネイシン）

HINT　音の長さにこだわるな

SHEEP のイと SHIP のイの違いは音の長さではありません。シープ、シップだと思われているかもしれませんが、たまたま日本人の耳にそう聞こえるだけです。音の長さ（音程や強勢も）にこだわって英語を聞いていると、リスニング力は思うように伸びません。喉から出てくる深みのある音色に集中して耳をすませてください。聞き分けのポイントは音の長さではなく、音色です。SHEEP のイは日本語のイと同じです。SHIP のイと比べるとややクリアな感じがします。

Let's practice

STEP 1   Track20

　２つの単語を４回読みます。どちらの単語が読まれたか、書き取ってください。

1. SHIP OR SHEEP ?
(　　　) (　　　) (　　　) (　　　)

2. SIN OR SCENE ?
(　　　) (　　　) (　　　) (　　　)

3. IT OR EAT ?
(　　　) (　　　) (　　　) (　　　)

4. ILL OR EEL ?
(　　　) (　　　) (　　　) (　　　)

5. IS OR EASE ?
(　　　) (　　　) (　　　) (　　　)

発展編

答え 1. SHEEP SHIP SHIP SHEEP
2. SIN SCENE SCENE SIN
解説 SIN はゲップエリアの i（SHIP のイ）、SCENE はアクビエリアの I（SHEEP のイ）です。
3. IT EAT IT EAT
解説 IT はゲップエリアの i（SHIP のイ）、EAT はアクビエリアの I（SHEEP のイ）です。
4. ILL ILL EEL EEL
解説 IL はゲップエリアの i（SHIP のイ）、EEL はアクビエリアの I（SHEEP のイ）です。
5. EASE IS IS EASE
解説 IS はゲップエリアの i（SHIP のイ）、EASE はアクビエリアの I（SHEEP のイ）です。

STEP 2　　　　　　　　　　　　　　　　　　Track21

英文を読みます。口ではなく喉から音が出ているんだということを意識して聞いてください。

Kaz : **Did** you find **things expensive in** Japan?
Jeana : Not everything. **Eating** out wasn't that bad, but **it** depends on what kind of restaurant you go to.
Kaz : That makes sense.

カ　ズ：日本のものは高いと感じた？
ジーナ：全部がそうじゃないわ。特に外食はそう高くなかったけど、どんなタイプのレストランに行くかにもよるわね。
カ　ズ：そうだろうね。

COLUMN

> ### 英語はハキハキ話すと通じない

　本書の目的は、自然な英語が聞き取れるようになることです。さらにネイティブのような発音になりたい方は『英語喉50のメソッド』で詳しく解説しておりますので、参考にしてください。「喉発音」という考え方は新しいので、難しいと思われるかもしれませんが、ネイティブの誰もが実践していることです。実は日本人も幼児期までは「喉発音」をしているのです。皆さんにできないわけはありません。

　ただし、日本語、日本文化の中に「喉発音」を邪魔する要素があります。日本人はかしこまると口発音気味になります。相手に尊敬を示そうと、口でハキハキと話そうとするからです。英語を使う場所では気をつけてください。

　特に女性は大変かもしれません。日本女性は「かわいい声」を出す習慣があるからです。このかわいい声ははっきりと口から出す声で、ピッチは高めです。個々の音が切れがちになるため、カタカナ英語のようになってしまいます。日本人女性の感覚では、喉発音は、女らしくない声と認識されますから、抵抗があるかもしれませんが、流動的な音の流れを出すためには必要です。

　発想を転換しましょう。西洋のコミュニケーションにおいては、声の高さや「ハキハキ度」は「女性としての魅力」に関係しません。「喉発音」に特有な深めの声を出すとイメージが落ちてしまうと心配する必要性はないのです。遠慮なく喉から声を出すようにしてください。そうすることで、英語が通じやすくなります。

　「喉発音」は男らしさを演出できるので、男性は抵抗を感じないかもしれません。また、西洋では、男性の低い声は魅力的だという感覚が

あります。さらに、低めの声は響きやすいので、発音位置が確認しやすいでしょう。

　性別に関わらず、改まったとき口発音になりがちですので、気をつけましょう。もちろん日本では誠実さや、丁寧さを出すために、声のピッチを高くしたり、ハキハキしゃべることは当然です。しかし、英語においては、口発音だと通じにくいのです。相手の顔の眉間にしわがより「え？　今何言った？」というような表情になるかもしれません。そんなときは、意識して、立体的な音を喉で出すようにしてください。

　実は、西洋と日本では、性別と声の高さの関係が違います。

	西洋	日本
男性	低いのが望ましい	高くても低くても良い
女性	高くても低くても良い	高いのが望ましい

　日本では、女性らしさを声の高さで表現しますが、西洋では、女性の声の高さはあまり意識されません。また、西洋では、男性の声が低いことが「普通」とされていますが、日本では、男性の声の高さはあまり問題にされません。誠実さやまじめさを表すために、あえて高めの声を出すこともあります。結果、日本男性がやや高めの声で英語を話す場合、本来の意図（謙虚さ、まじめさ）が伝わらないどころか、相手の気が散る可能性があります。

　グローバル経済の時代です。英語におけるコミュニケーションにおいては、声の高さも意識してコントロールすることで、人脈作り、ビジネスの商談、仕事の面接、また心と心のコミュニケーションを成功させましょう。

第8章 日本人の苦手な子音のペア L と R

LED と RED

この章では、日本人が最も苦手とする L と R を扱います。

喉発音にも、浅めの場所で発音する音と、深い場所で発音する音があります。**L は浅めの場所で発音し、R は深めの場所で発音します。** 絵でその部分を確認してください。

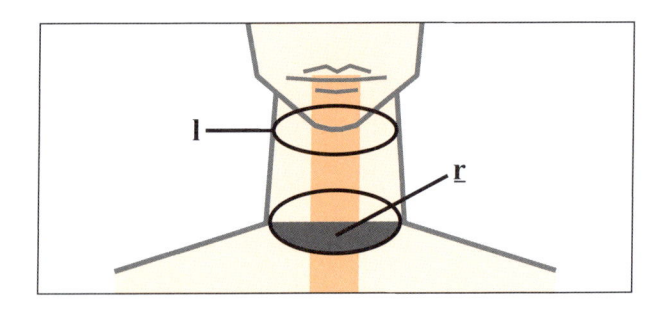

R は首の根元・底（ゲップエリア）で発された、だみ声的な要素の強い声が、口の外に出るところで、邪魔をされることもなく、ストレートに出てきている感じがします。

L は首のやや浅めのところ（アクビエリア）から出てきているために、だみ声的な要素が比較的、弱く、また、口の中で舌が音を遮断するので、口の中に蓋が閉まってしまったような音がします。

発展編

Let's try　　Track22

やや大げさなRとLの発音を聞き比べてください。

R　（単体として）
L　（単体として）
RICE　LICE
RED　LED

　ネイティブにはLとRが似ているという感覚はありません。むしろRがWに似ていると感じます。両方とも、首の根元で響き、その音が何の妨害もなく、口の外に出てくる音だからです。このネイティブ感覚を体得すると、LとRがまったく違う音に聞こえ始めます。

Let's try　　Track23

　「RとWは首の根元から音がストレートに口の外にでてきているんだ」「Lは口の中で音が舌によって遮断されている、蓋が閉まったような感じの音がする」と念じながらR、W、Lを聞いてみましょう。

RED　　WED　　LED
READ　WEED　LEAD

　口の中で蓋が閉まっているような「L」が聞き取れたら合格です。

HINT 音のライフサイクル

英語が聞き取れない理由に、喉の音を聞いていないということがあります。LとRだけではありませんが、喉から音が始まっていることを無視し、口の中の音だけを聞いているということは、音の始まりの音を無視しながら聞いていることになります。音は喉から始まっているのですから、喉で起こる音の全体（始まり、中間、終わり）のすべてを聞くようにしましょう。

発展編

Let's practice

STEP 1　　　　　　　　　　　　　　　　　Track24

　2つの単語を4回読みます。どちらの単語が読まれたか、書き取ってください。

1. LED OR RED ?
(　　　) (　　　) (　　　) (　　　)

2. LAKE OR RAKE ?
(　　　) (　　　) (　　　) (　　　)

3. LICE OR RICE ?
(　　　) (　　　) (　　　) (　　　)

4. BOWLING OR BORING ?
(　　　) (　　　) (　　　) (　　　)

5. KELLY OR KERRY ?
(　　　) (　　　) (　　　) (　　　)

第8章

[答え]　1. LED RED RED LED
　　　　2. RAKE LAKE RAKE LAKE
　　　　3. LICE RICE RICE LICE
　　　　4. BORING BOWLING BORING BORING
　　　　5. KERRY KELLY KERRY KERRY

STEP 2　　　　　　　　　　　　　　　　　Track25

　英文を読みます。口ではなく喉から音が出ているんだということを意識して聞いてください。

Kaz : So, kids in America have no **problem** with **L** and **R**?
Jeana : No, they **are totally different** sounds in **English**. But sometimes kids have **difficulty** with **R** and **W**. Both come **from** the same **area** of the **throat**, so it is a bit confusing for **small children** sometimes.

[訳]

カ　ズ：じゃあ、アメリカでは子供でもLとRは問題がないの。
ジーナ：ないわ。LとRは英語では全然違う音なのよ。でもね、たまにRとWが苦手な子供がいる。どちらも喉の同じ場所から出る音だから、小さい子供にとっては、音が少しまぎらわしいときがあるの。

COLUMN

日本人は幼児期に声変わりする⁉

　実は日本人のあなたも、乳児期、幼児期は、喉発音で泣き、喉発音で日本語を発音していたのです。口発音できちっと発音する必要のある日本語を喉で発音するので、幼児の言葉はきんきんした感じの不安定な日本語になります。幼児期を抜ける頃、口で発音する方法を覚え、はっきりした日本語を発声できるようになるのです。

　ネイティブの幼児の英語は、確かに声が子供なので音程がやや高めですが、個々の音素の発音という点で見ると、大人の発音と根本的にはあまり変わりません。

　よって、日本人の幼児は大変です。まだ喉発音でありながら、口発音である日本語を話さなければなりません。あまりに大人の発音方法と異なるからでしょうか、安定した発音ができるようになるには時間がかかります。

　また、日本人の親は幼児に対して、赤ちゃん言葉で話しかけることが多いようです。「ですね」という表現を「でちゅね」とか、「でしゅね」と変えたりすることで、大人は、喉発音による子供のかわいいしゃべり方を真似ているのかもしれません。西洋では、幼児に対しても大人に対するのと基本的には変わらない発音法で話しかけます。イントネーションは、少し大げさに感じるかもしれませんが、個々の音の発音は、大人に対して使うのと同じです。

　なお、青年男子の声変わりは、ネイティブの方が大変という話もあります。というのも、発声するのに一番大切な喉で、根本的な変化が起こるわけですから、直下型の地震が起こっているようなものです。声変わりの途中は、話しているときに、音程が激しく上下したりで、大変です。声が安定するまでに1年ぐらいかかる場合もあるそうです。

第9章 日本人の苦手な子音のペア S と TH

SINK と THINK

次は S と TH です。どちらもアクビエリアで響く音です。口の中で起こる細かい摩擦音ではなく、首の上の方で「こだま」する音を聞いて区別します。

Let's try　　Track26

日本人が間違いやすい、口の中で響く音を強調した音と、喉で正しく響かせた音がどう違うかを聞いてみましょう。

口発音の S
喉発音の S
口発音の TH（無声音）
喉発音の TH（無声音）

口発音で発音された日本人の発音は口の中で鋭い音がしますが、正しい発音ではありません。首の上の方（アクビエリア）で響く、深く豊かな喉発音と聞き比べてください。

発展編

Let's try
Track27

単語で S と TH の発音を聞き比べてみましょう。

SINK　　THINK
SICK　　THICK

Let's practice

STEP 1
Track28

2つの単語を4回読みます。どちらの単語が読まれたか、書き取ってください。

1. SIN OR THIN ?
(　　　) (　　　) (　　　) (　　　)

2. SICK OR THICK ?
(　　　) (　　　) (　　　) (　　　)

3. SINK OR THINK ?
(　　　) (　　　) (　　　) (　　　)

第9章

答え 1. SIN THIN THIN SIN
2. THICK SICK THICK SICK
3. SINK THINK THINK SINK

STEP 2　　　　　　　　　　　　　　　Track29

英文を読みます。口ではなく喉から音が出ているんだということを意識して聞いてください。

Jeana : Do people in Japan drink a lot of coffee?
　Kaz : Yeah. I **think** people drink it all day.
Jeana : **Some** people in America drink coffee only in the morning to help **them** wake up. But **some** people drink coffee all day too.

訳

ジーナ：日本の人はコーヒーをよく飲む？
カ　ズ：うん。一日中飲むってかんじ。
ジーナ：アメリカでは目を覚ますために午前中にだけ飲む人がいるけど、一日中飲む人もいるわね。

COLUMN

喉発音とアクセント

　綴りや発音がほとんど同じで、アクセントの位置で意味が違うので注意しようと言われる単語があります。

　例えば、Differ と Defer は、発音は同じでアクセントの位置が違うと言われることがあります。Differ は Di を、Defer は fer を強く読むと。

　しかし、厳密に言うと、この2つの単語は発音が違うのです。Differ は、ゲップエリアの i（SHIP のイ）なので、自然と Dif のところが低く聞こえることがあります。その結果、その部分が強調されたかのような印象を持つのです。Defer の最初の e はアクビエリアの I（SHEEP のイ）です。この音はそれほど低く発音されて聞こえないので、印象が違ってきます。

　その他にも、Desert（砂漠）と Dessert（デザート）、Record（レコード）と Record（録音する）がありますが、どれも発音のせいで、強勢の位置が違って聞こえます。つまり、喉発音を正しく実行すればアクセントの位置は自然になります。

　また、The white house（ホワイトハウス）と white house（白い家）ホワイトハウスは、white を強く読む、白い家は house を強く読む、と言われることがあります。

　しかし、実際は少し違います。感情を入れずに読むならば、2つは同じように発音され、白い家の方は、話者の感情によって変わります。

　ホワイトハウスは、アメリカの大統領が住む家の名称なので、2つの語に分かれていますが、意味的には1語のようなものです。話者の感情には関係なく、white も house も同じような強勢で発音されます。

　一方「白い家」は、名称ではなく描写ですので、話者の感情によって強調したい部分は変わってきます。例えば、話者が、どの家のことを言っているのか、はっきり伝えたいと思っているなら、「白い」の部分を強く言うでしょう。また、家のタイプ（家、コンドミニアム、アパート）について話しているならば「家」を強調することもあるでしょう。

第10章 日本人の苦手な子音のペア Z と th

ZEE と THEE

　次はZとTHです。どちらもアクビエリアで響く音です。口の中で起こる細かい摩擦音ではなく、首の上の方で「こだま」する音を聞いて区別します。

Let's try　　Track30

　日本人が間違いやすい、口の中で響く音を強調した音と、喉で正しく響かせた音がどう違うかを聞いてみましょう。

口発音のZ
喉発音のZ
口発音のTH（有声音）
喉発音のTH（有声音）

　違いが分かりましたか？

　日本人のZは舌の上が鋭く響く感じがします。ネイティブのZは、喉のあたりが深く響く感じに聞こえます。口の中も、力が完全に抜けているので、ミツバチの羽の音のような軽い振動が起こるものの、やはり変な音の響きは喉で起こっています。THも同じです。

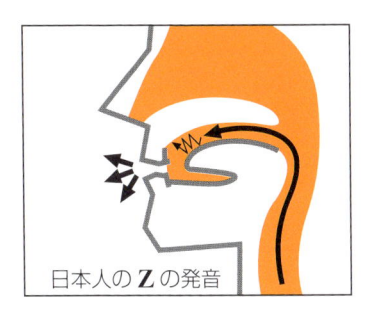

発展編

| 日本人の **Z** の発音 | ネイティブの **Z** の発音 |

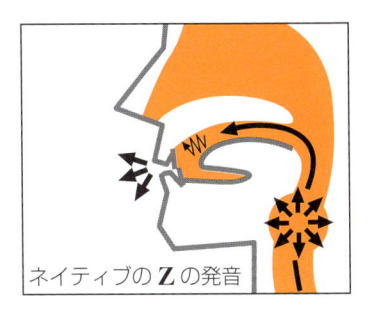

　日本人のZは舌の上だけでなっている感じです。ネイティブのZは主に喉全体でなっている感じ。口にも軽やかな振動があります。

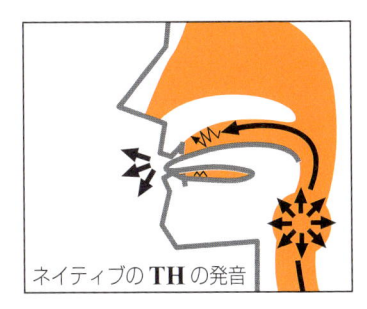

| 日本人の **TH** の発音 | ネイティブの **TH** の発音 |

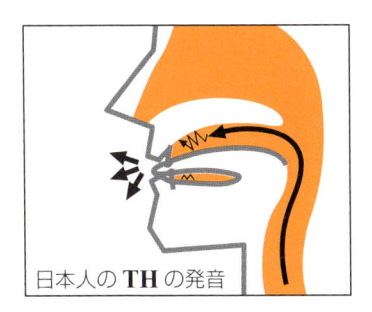

　日本人のTHは舌と歯の間だけでなっている感じ、ネイティブのTHは主に喉全体でなっている感じ。口にも軽やかな振動があります。

Let's try
Track31

　単語でZとTHの発音を聞き比べてみましょう。なお、問題のZISは造語です。

ZEE　　　THEE
ZIS　　　THIS

Let's practice

STEP 1　　　　　　　　　　　　　　　　　　　Track32

　２つの単語を４回読みます。どちらの単語が読まれたか、書き取ってください。

　なお、問題の ZIS, ZEY, ZOSE は造語です。

1. ZIS OR THIS ?

(　　　) (　　　) (　　　) (　　　)

2. THEY OR ZEY ?

(　　　) (　　　) (　　　) (　　　)

3. THOSE OR ZOSE ?

(　　　) (　　　) (　　　) (　　　)

発展編

答え 1. THIS ZIS ZIS THIS
2. THEY ZEY ZEY THEY
3. THOSE ZOSE ZOSE THOSE

STEP 2 Track33

英文を読みます。口ではなく喉から音が出ているんだということを意識して聞いてください。

Jeana : I think Japanese money is cool.
　Kaz : What do you mean?
Jeana : It comes in different **sizes**, so just by touching it I can
　　　　tell if it is 1,000 yen or 5,000 yen.

カ　ズ：日本のお金はいいと思う。
ジーナ：どういうこと？
カ　ズ：大きさが違うでしょ。だから触っただけで、千円か５千
　　　　円かが分かるわ。

第11章 日本人の苦手な子音のペア B と V

BERRY と VERY

今度は B と V を見てみましょう。このペアもアクビエリアで響く音です。口の中で起こる細かい摩擦音ではなく、首の上の方で「こだま」する音を聞いて区別します。

Let's try　　　　　　　　　　　　　　　Track34

日本人が間違いやすい、口の中で響く音を強調した音と、喉で正しく響かせた音がどう違うかを聞いてみましょう。

日本人がやりがちな B　　正しい B
日本人がやりがちな V　　正しい V

違いが分かりましたか？　B は日本語にもありますが、いつもより喉の奥で音を豊かに響かせてください。V は日本語にはない音で、下唇と前歯が摩擦する音だと勘違いされている方が多いのではないでしょうか。V の特徴は、口の中の力が完全に抜け、ミツバチの羽の音のような軽い振動が口の中で起こる点です。それでも、音の主な響きは喉で起こります。次のイラストを見てみましょう。

日本人のイメージにあるVの音

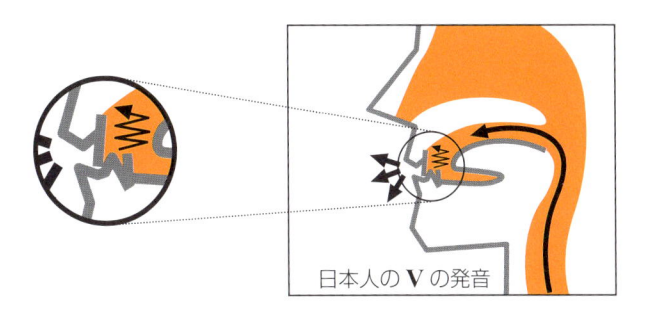

日本人のVの発音

　前歯と下唇が極端に合わさり、歯が唇にくいこみ、その部分だけがものすごく振動しています。力が入ってしまっているのです。力みすぎると顔の表情さえ変わってしまうことでしょう。

正しいVの発音

　前歯と下唇が自然に合わさり、口の前半で軽やかな振動がしています。口全体の力が抜けていからこそ起こるミツバチの羽のような振動が起こるのです。音の中心は喉にあります。

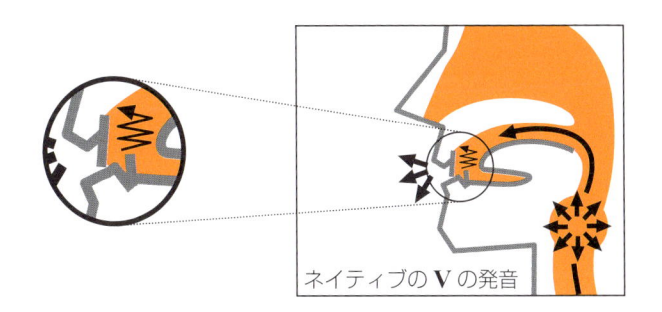

ネイティブのVの発音

Let's try

Track35

単語でBとVの発音を聞き比べてみましょう。

BERRY　　VERY
BEND　　VEND

Let's practice

STEP 1

Track36

2つの単語を4回読みます。どちらの単語が読まれたか、書き取ってください。

1. BAN OR VAN ?

(　　　) (　　　) (　　　) (　　　)

2. BERRY OR VERY ?

(　　　) (　　　) (　　　) (　　　)

3. BEND OR VEND ?

(　　　) (　　　) (　　　) (　　　)

発展編

答え 1. BAN VAN VAN BAN
2. BERRY VERY VERY BERRY
3. BEND VEND VEND BEND

STEP 2
Track37

英文を読みます。口ではなく喉から音が出ているんだということを意識して聞いてください。

Jeana : People line up for a train in Japan, huh?
　Kaz : You don't do that **very** often in America?
Jeana : For other things, yes **but** not for a train.
ジーナ：日本では、電車に乗るのに列をつくるのね？
カ　ズ：アメリカではあまり列をつくらないの？
ジーナ：他のことなら列をつくるけど、電車に乗るのに列はつく
　　　　らないの。

第12章 両方ともアーに聞こえるArとErのペア

HEARTとHURT

　最後はアーという音です。HEART（心）とHURT（傷つく）は、日本人にはどちらもハートに聞こえます。どうやったら聞き分けられるでしょうか。

Let's try　Track38

HEART

　アクビエリアで日本語のアと同じ音を響かせた後、音が喉の奥に落ちていく感じで、ゲップエリアでRを発音します。

HURT

　アもRも両方、ゲップエリアですから、最初から音が首の根元に落ちたままの感じです。

HEARTパターン	HURTパターン
HARD（硬い）	HEARD（聞いた）
PARK（公園）	PERK（特典）
DART（ダーツ）	DIRT（よごれ）

発展編

なお、本書で使用する発音記号は、従来の発音記号とは違います。ゲップエリアで発音する音にはアンダーラインを引いています。日本語にもある音は大文字、ない音は小文字です。

	従来の発音記号	本書の発音記号
HEARTのアー	aə̌	A-r
HURTのアー	ə:	E-r

HINT 練習のこつ

習得のためには、実際に発音してみるのも大切ですが、まずはしっかりと耳を澄ませて音を聞くことも大切です。多くの人が、お手本の音を聞くやいなや、あまり考えることなく声を出そうとします。実行に移す前に、しっかりとお手本の音を聞くという習慣を身につけましょう。

さて、HEARTのアーとHURTのアーの音色の聞き分けですが、どうしても分かりにくい方は、片方のアが日本語と同じなんだという点を利用してください（違いは喉の響きが大きく、音の前後が切れていないという点だけ）。実際に声に出して言ってみるときに、日本語と同じだということに自信を持って、アクビエリアで日本語のアを響かせます。聞くときも、片方は日本語のアと同じなんだと意識して聞きます。それを手がかりに練習すると、音色の違いがはっきり聞こえてきます。

第12章

Let's practice

STEP 1
Track39

2つの単語を4回読みます。どちらの単語が読まれたか、書き取ってください。

1. HEART OR HURT ?
(   ) (   ) (   ) (   )

2. PARK OR PERK ?
(   ) (   ) (   ) (   )

3. BARD OR BIRD ?
(   ) (   ) (   ) (   )

発 展 編

答え　1. HURT HEART HURT HEART
　　　2. PARK PERK PERK PARK
　　　　PARK は HEART の A-r、PERK は HURT の E-r と同じ。
　　　3. BARD BIRD BARD BIRD
　　　　BARD は HEART の A-r、BIRD は HURT の E-r と同じ。

STEP 2　　　　　　　　　　　　　　　　　　Track40

英文を読みます。口ではなく喉から音が出ているんだというこ
とを意識して聞いてください。

　Kaz : In my hometown in Japan a big siren goes off at six in
　　　the morning and five in the **afternoon**.
Jeana : Why is that?
　Kaz : I have no idea, but we don't even need an **alarm** clock.

カ　ズ：日本の僕のふるさとじゃあ、午前6時と午後5時に大き
　　　　なサイレンがなるんだ。
ジーナ：なんで？
カ　ズ：理由は分からない。目覚まし時計がいらないんだよ。

COLUMN

> ### 日本人とアメリカ人では喉の使い方が違う

首でうがいをする

　皆さんがうがいするとき、水が体の中のどこまで達しますか？　口の中だけではないでしょうか。一方アメリカ人は、水が首の中間に達するぐらいの深さまでうがいをします。小さいときに、風邪をひいたとき、親にそうするように指導を受けます。うがい薬が首の深くに届くほど、薬が効果を出すという感覚があるからです。口臭予防のリンス剤でうがいをするときなども、首の中間あたりまで液体を到達させることで、口臭をシャットアウトします。

げっぷでしゃべれる

　もちろんおふざけですが、ゲップでしゃべることができます。まず飲み物を飲んでおいて、胃袋に空気をためておき、長いゲップをしながら、アルファベットでAからどこまで言えるかというコンテストをします。

　パーティーなどの余興です。インターネットで burp や alphabet というキーワードで検索をすれば、多くの動画が見つかります。

　口発音のままゲップでしゃべることはできません。ゲップでしゃべれるというのは、喉発音をしていることの証明です。

　また、彼らは、喉を常に開いたままにしていますから、飲み物を飲むときも、思わず空気が食べ物や飲み物と一緒に胃に流れ込んでしまいます。したがって、ゲップが、首の中で言葉を出せるほどの威力を持つのです。

ネイティブは熱いラーメンが早く食べられない

　逆に、日本人にできてアメリカ人にできないこともあります。彼らは喉を常に開けたままにしているので、熱いスープをすすることが不得意です。日本人がラーメンをすすれるのは、喉を閉じて、熱いスープを（喉に当てることなく）口の中に流し込めるからです。その際、微妙なタイ

ミングで空気を吸い込み、熱いスープを冷やします。日本人でも「猫舌」の人がいますが、舌が熱に弱いのではなく、空気をスープと一緒に吸い込むのが不得意なのかもしれません。

喉発音と姿勢で猫背が直る?!

正しい姿勢で喉発音をすると、猫背が直るかもしれません。

「外国人は堂々としている」と感じたことはありませんか。それは、自然に胸を張った姿勢ができるからです。

猫背といえば、首がやや前方向に出てくる状態を指しますが、首の骨のある程度の傾斜は普通なのです。

西洋人が姿勢を正したとき背筋が伸びて見えるのは、背中の腰付近をそらせるからです。そうすると首の骨が上方に向かって真っすぐ伸びたように見えます。

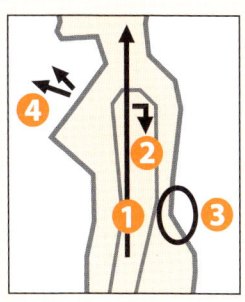

■ネイティブの姿勢の正し方

西洋の軍隊での「気をつけ」の姿勢です。

❶ まっすぐ立って、首、頭を上方に伸ばす。
❷ 肩はやや後ろ気味にし、やや下方に下げる。
❸ 結果として、背中の下の方がそり気味になり、
❹ 胸が少し前と上向きに出る。

COLUMN

喉発音すると音が自然につながる

　英語には音と音がつながり別の音になる「リエゾン」があると考えられていました。「リエゾン」は難しいと思っている方も多いと思います。しかし、喉で発音し、3ビートを実践していると、意識しなくても喉の中で自然と音がつながっていきます。喉をだらーんとして脱力していると、音が切れないからです。

　英語で「リエゾン」と呼ばれてきたものの例をあげます。Take it easy. がテイクイットイージーではなく、テイキティーリージーに聞こえます。テイクイットの「クイ」が「キ」になっている点です。

　そもそもテイクイットイージーは日本語の2ビートの感覚で表したカタカナ表記です。3ビートで考えると、全ての音が同じパターンでつながります。「子音－母音－子音」をスムーズな塊とし、その塊をスムーズにつなげれば、全てのシラブルが自然とリンクします。

　また、「リエゾン」は単語と単語の間だけに起こるのではなく、1つの単語のなかでも起こります。これも、喉をだらーんとしていれば、シラブルとシラブルのつながる部分が、自然とつながるので、心配は要りません。

　特にフランス語に「リエゾン」が多いと言われていますが、それは、フランス語が喉の深い位置で発音される音が多い言語であることが影響しているのかもしれません。英語に比べても、首の根元のさらに深めのところで発音されるために、音と音の間の流動性が特に滑らかです。そのために、特に口発音言語である日本語話者が聞くと「リエゾン」が多いように感じられるのでしょう。

　「リエゾン」の練習は、パターンをたくさん覚えるしかないとされていました。しかし、日常会話では、どんな単語が出てくるか分かりません。あらかじめ限られた数の単語で練習したとしても、実際の会話に備えることはできません。喉発音の習得が、解決につながると思います。

練習編

聞き取りの練習をしよう

　これまで勉強した３ビートと喉発音の両方を合わせて、聞き取りの練習をします。

　意味を理解しようとせず、またテキストの文字を見ないで、音だけに集中し、ボンボンボンボンのリズムを捕らえてください。ボンボンボンのリズムが聞こえ出したら、今度は喉音の質にも集中してください。

　リズムと喉音の両方が聞こえるようになった後で意味を考えてください。ただし、日本語に訳そうとしないことが大切です。音として聞き取れるようになると、日本語に訳さなくても、個々の単語の意味を知っていれば、意味が英語の語順のままイメージできるようになります。まるで道路標識を見て、反射的にどうすべきかイメージできるような感じと似ています。

あいさつ　　　　Track41

How's it going?
How have you been?
Long time no see.
Are you doing all right?
Let's get together sometime.
I'll catch you later.
See you later.

どうですか？
いかがですか？
おひさしぶりです。
うまくいっていますか？
いつか集まりましょう。
また後で会うよ。
また後でね。

新幹線

Jeana : I love the Shinkansen when it passes by Mt. Fuji.
　Kaz : Yeah, around Shizuoka, right?
Jeana : It's simply beautiful.
　Kaz : I know. I love looking at the scenery from the train window, too.

ジーナ：富士山のあたりを通過するときの新幹線が最高ね。
カ　ズ：うん、静岡あたりだよね。
ジーナ：本当にきれいだわ。
カ　ズ：そうだね。僕も車窓から景色を見るのが好きだね。

盆踊り

Track43

Jeana : What is bon-odori?
　Kaz : It is a traditional dance. It's danced around in a circle.
Jeana : Is that a Buddhist tradition?
　Kaz : Yes. It's part of the tradition to welcome the ancestors on that day.

ジーナ：盆踊りって何？
カ　ズ：伝統的な踊り。輪になって踊るんだ。
ジーナ：仏教の伝統？
カ　ズ：うん。その日にご先祖様を迎えるっていう伝統の一部なんだ。

虫

Jeana : Is it true that Japanese keep insects as pets?

Kaz : Yeah. Boys keep Kabutomushi and Kuwagata.

Jeana : What do you do with them?

Kaz : We trade them with friends like baseball cards. That's what I did as a kid.

ジーナ：日本人が虫をペットにしているって本当？

カ　ズ：うん。男の子がカブトムシとかクワガタをね。

ジーナ：それ、どうするわけ？

カ　ズ：ベースボールカードみたいに友達同士で交換したりするんだ。子供の時にそうしたよ。

紅茶

Jeana : My favorite Japanese drink is cold milk tea.

Kaz : What's so special about it?

Jeana : Well, it doesn't exist in the west. We have ice tea, but we don't have iced milk tea.

Kaz : What? I never knew that before.

ジーナ：私の一番のお気に入りの日本の飲み物は冷たいミルクティーよ。

カ　ズ：なんか、それ特別なわけ？

ジーナ：西洋にはないわ。アイスティーはあるけど、冷たいミルクティーは売ってないのよ。

カ　ズ：本当？　そんなの知らなかったなあ。

ふとん

Jeana : I had a futon in America.

Kaz : How is it different from a Japanese futon?

Jeana : We call only the mattress a futon, but not the cover.

Kaz : Really? In Japan, a futon is both a cover and a mattress.

Jeana : I know. And an American futon is gigantic, and it's more like a western mattress. A Japanese futon may be more like a western sleeping bag with no zipper.

ジーナ：私はアメリカで布団を持ってるわ。

カ　ズ：日本の布団とどう違う？

ジーナ：アメリカでは敷布団だけを布団と呼ぶの。でも掛け布団は布団と呼ばないわ。

カ　ズ：本当？　日本は、敷布団も掛け布団も布団だよ。

ジーナ：知ってる。あとアメリカの布団は特大で、西洋のマットレスみたいなかんじ。日本の布団は、どっちかというとチャックのついてない西洋の寝袋みたいなもんね。

夏休みの宿題

Kaz : I hated the final week of summer vacation as a kid.
Jeana : Why was that?
Kaz : There was too much homework.
Jeana : You have homework during summer?
Kaz : The Japanese school year doesn't end before summer.
So teachers give us homework to keep us busy.
Of course, we would start it at the last minute, so the final week got so crazy.

カ　ズ：子供のとき夏休みの最後の週が嫌だったなあ。
ジーナ：なんで？
カ　ズ：宿題がありすぎるんだよ。
ジーナ：夏休みに宿題が出るの？
カ　ズ：日本の学年は夏休み前に終わらないんだよ。だから先生が、僕たちを忙しくさせておくために宿題を出すんだ。もちろん、最後の最後にならないと始めないものだから、夏休みの最後の週は本当に大変だったよ。

日本のゲーム番組　　　Track48

Jeana : Japanese game shows are funny.
Kaz : Do they show them in America?
Jeana : Yeah. American people like seeing Japanese people gambaruing so much over so many different tasks. They are so inventive and entertaining.

ジーナ：日本語のゲーム番組は面白いわね。
カ　ズ：アメリカでも見れるの？
ジーナ：うん。いろんな種目で日本人がものすごくがんばっているのを見るアメリカ人は楽しむのよ。種目がうまく工夫されていて面白いわ。

学校の掃除

Kaz : Did you know in Japan kids clean classrooms after school?

Jeana : Actually I heard that before. You clean not just classrooms but the entire school building, right?

Kaz : Yeah. Japanese teachers believe that by doing so kids learn how to keep things clean.

カ　ズ：日本では放課後に子供たちが教室を掃除するって知ってた？

ジーナ：実は、聞いたことがあるわ。教室だけじゃなくて、学校の建物の全体をきれいにするんでしょ？

カ　ズ：うん。日本の先生はそうすることで子供がきれいにすることを学ぶと信じているんだ。

税関

Track50

税関で聞かれる質問を聞いてみよう。

答え
1. What's the purpose of your trip?
2. How long are you going to stay?
3. Do you have fruits or vegetables with you?
4. Do you plan to work?
5. What do you do in your home country?

1. あなたの旅行の目的は何ですか。
2. どのくらい長く滞在しますか。
3. 果物か野菜を持ち込んでいますか。
4. 仕事をするつもりですか。
5. (出身の) お国では何を職業にしていますか。

センター試験（模擬）に挑戦してみよう　Track51

対話を聞き、最後の質問に対して最も適切な答えを、4つの選択肢から1つ選びなさい。

A. You need to buy it here before you leave.
B. It is a very inexpensive pass.
C. No, I cannot buy that for you.
D. You will enjoy that in Japan.

答え　A

W : Do you think I should get a train pass when I visit Japan?
M : Yes, that is the cheapest way to travel.
W : Do I buy that in Japan or here?

女性：日本に行くとき、電車のパスを買った方がいいと思う？
男性：はい。それが一番安いでしょうね。
女性：日本に着いてから買うものですか。それともここで買うもの？
A：旅行に出る前にこっちで買うものです。
B：とても安いパスですよ。
C：いえ、私は買ってあげられません。
D：日本でそれを楽しむことでしょう。

TOEIC® TEST タイプの試験

英語を聞き、各質問の答えを選んでください。

1. Where is this announcement being made?
（A）At a train station
（B）At a school
（C）At a supermarket
（D）At a restaurant

2. What product has a 30% discount in aisle 3?
（A）Milk
（B）Cheese
（C）Tofu
（D）Yogurt

3. Where can a shopper go to get food samples?
（A）The Oriental food section
（B）The meat section
（C）The fish section
（D）The bread section

答え 1. (C)
2. (A)
3. (A)

Attention, please. We have a great bargain price for milk in aisle 3. With your membership card, we will give you a 30% discount. In our Asian food section we have samples of Chinese Dumplings and Japanese Edamame. Please stop by to taste them before they are all gone. Thank you for shopping at our store.

　お知らせします。通路3で牛乳のセールをしています。メンバーカードをお持ちのお客様に3割引きでご奉仕中です。アジア系食品コーナーでは中国のギョーザと日本のエダマメを試食していただいています。なくなる前にぜひ味見してください。私達のお店で買い物をしていただき、ありがとうございます。

1. この放送がされている場所は？
　（A）駅（B）学校（C）スーパー（D）レストラン
2. 通路3で3割引きセールされているのは？
　（A）牛乳（B）チーズ（C）豆腐（D）ヨーグルト
3. 試食できるのはどこ？
　（A）アジア系食料コーナー（B）肉市場（C）魚売場
　（D）パン売場

新幹線の種類

Shinkansen Types

Nozomi is the fastest shinkansen train in Japan. It skips a lot of stations to connect major cities. Hikari is the second fastest. It stops at mid-sized cities too. Kodama stops at every station along the way. To go from a large city to a small city, you may need to combine shinkansen types.

のぞみは日本で一番速い新幹線です。のぞみは多くの駅に停まらないで、主要都市をつなぎます。ひかりは２番目に速いです。ひかりは中型の都市にも停まります。大きな都市から小さな都市に行くには、新幹線の色々なタイプを乗り継ぐ必要があるかもしれません。

日本のカラオケ

Karaoke in Japan

Japanese people love Karaoke. There are so many Karaoke studios all over the place. Karaoke machines have a limitless number of songs. The machines can even change the pitch of the songs, so people can sing at the pitch most comfortable to them. The machines also let you adjust echo levels, so people feel like they sound professional.

　日本人はカラオケが大好きです。いたるところにたくさんのカラオケボックスがあります。カラオケには限りがないほどの数の歌があります。カラオケのマシンで歌の音程を変えることも可能です。そうすることで、歌う人が一番楽に歌えるようにします。エコーの度合いを変える機能もついていて、歌う人がプロになったような気分を味わうことができます。

お茶漬け

Ochazuke

Ochazuke is a quick snack food for Japanese people. Into a bowl of rice, you pour Japanese tea and add salty, flavorful ochazuke seasoning. Often people eat it when they get hungry late at night. Based on that, there is an interesting rumor in Kyoto. When guests stay too late, hosts will offer ochazuke to indicate that it is very late. Guests should watch the clock and say, "Oh, sorry, I better get going now."

　お茶漬けは日本人にとって、手軽な軽食です。ご飯のお茶碗に日本のお茶をいれ、塩辛く、匂いのよいお茶漬けのもとを加えます。よく、夜遅くにおなかがすいたときに、食べる人がいます。このことが影響してか、京都には面白いうわさがあります。お客さんが、遅くなっても帰らないときに、家の人が、「もう遅いですよ」という意味をこめて、お茶漬けでもどうですかと問います。お客のほうは、それを受けて、時計を見てから、「あ、ごめんなさい。行かないと」と言わないといけません。

ラジオ体操

Track56

Radio Exercises

Everyone in Japan knows how to do radio exercises. At school, students gather at morning meetings and exercise to the famous melody line, using the set moves of hands and legs. In some companies, workers use it to get their day started too and to show their dedication. During summer vacation, elementary school students meet very early every day to do radio exercises. They carry an attendance card and receive a stamp everyday. At the end of summer, they give it to their teachers to show their diligence.

　日本では誰でもラジオ体操の仕方を知っています。学校で、生徒が朝礼で集合し、有名なメロディーにのせて、手足を決まった形で動かし体操をします。会社によっては、社員が一日をスタートさせ、やる気を見せるためにラジオ体操を使います。夏休みの間は小学生が毎朝早くに集まりラジオ体操をします。出席カードを持って行き、毎日、ハンコを押してもらいます。夏の終わりには、先生に提出して、頑張ったことを証明します。

日本で風邪をひく

Catching a cold in Japan

There are a lot of things Japanese people do when they catch a cold. People wear masks to prevent their germs from spreading to others. They try to keep themselves warm as some believe sweating quickens recovery time. Some people avoid taking a bath because drastic temperature changes are believed to worsen conditions. On the other hand, to prevent getting sick, Japanese Moms often believe that kids shouldn't wear heavy clothing in the winter.

　日本人は風邪をひいたときに、色々な対応をします。他の人に菌が移ってしまわないようにとマスクをつけます。体を暖かく保つようにもします。というのは、汗をかくことで直りが早くなると信じる人もいるからです。風呂に入らないようにする人もいます。というのは、あまりの急激の体温の変化で、症状が悪くなってしまうと思う人がいるからです。一方で、病気にならないようにと、子供が冬にあまり厚着をしてはいけないと考えるお母さんも多いです。

COLUMN

> ### 聞き取り100％を目指して

　自然な英語で練習するのが完璧な聞き取りへの最良の方法です。ネイティブ同士がしゃべっているときの英語を聞くことが大切です。

　そういう意味では、映画やラジオの英語が学習には最適です。ネイティブがネイティブに向けてしゃべっている英語だからです。

　聞き取りの第一歩は、意味は無視して、まずはボンボンボンのリズムを聞くことです。例えば、中国語であれば、1つ1つの漢字単位で読むので、誰でもこのリズムを聞き取れますが、英語はボンとボンの間がなめらかなので、聞き取りにくいのです。これからは、本書で紹介したとおりに練習を重ねれば、リズムを聞き取れるようになります。

　さらにこのリズムが聞けたら、喉の音にも耳をすまし、注意して聞いてください。最初は、男性の声だと分かるけど、女性だと分かりにくい、と思われるかもしれません。それは「喉音＝低い声」と思っているからでしょう。確かに喉音は低い声であることが多いですが、厳密には音の質が違います。女性であっても、喉発音は変わりません。喉がきしむような、金属的で立体的な音に耳を傾けてください。

　相手の喉を見ながらしゃべるのも一案ですが、それは相手に失礼です。顔をしっかり見ながらしゃべるけれども、頭の中では、喉を見ている感じで、喉音を聞きましょう。口の中の細かい音は、些細なものだと理解してください。

　ボンボンボンが聞けて、喉の深い響きが聞こえるようになってから、意味を考えるようにすればよいでしょう。実際には、音としての英語が聞こえるようになれば意味の理解の仕方が、自然に変わってきます。音

が聞こえていない時は、かろうじて聞き取れた単語の意味をつなぎ合わせて、文全体の意味を日本語で考えこむ感じです。しかし、本書の練習でリズムが聞こえ、音がクリアに聞こえるようになると、日本語訳をする必要がなくなります。聞こえた単語の意味を知っているならば、日本語に訳さなくても、英語の語順のまま意味がすんなり分かるようになるからです。

　他の指導法と本書のアプローチを同時に試さないでください。3ビートと喉以外のことを考えてしまうと、聞き取りができなくなるからです。多くの発音教材では、英語には強く読むところと弱く読む場所があるとか、音の上がり下がり（イントネーション）が大切だと教えています。しかし、音の強弱や音程にこだわっていると、集中力が散漫になってしまい、英語の聞き取りに集中しにくくなります。脳が一度に対応できることは限られているからです。

チャレンジ編

さらにきわめたい方へ

　英語が3ビートであり、喉発音であるということを意識したので、クリアに聞こえ始めたのではないでしょうか。
　ここからは、さらにきわめたい方に、本編では紹介しなかった細かい音を紹介します。すでに3ビートと喉発音をマスターし、完璧を目指してチャレンジしてみてください。

注意

本書では発音記号を厳密に扱っていません。あまり難しくならず、かつ簡単に読めるように、またシラブルがどこで切れるのかが分かりやすいようにという観点から記述しています。

チャレンジ編

こだわり項目1　エアーではなくてエイア

つづりが ER のときによく見られることですが、日本人の感覚ではエアーなのに、実はエイアであることがあります。

Let's try　　Track58

air

日本人にはこう聞こえる　エアー

正しくは　EIR（エイアーという感じ）

hair

日本人にはこう聞こえる　ヘアー

正しくは　HEIR（ヘイアーという感じ）

care

日本人にはこう聞こえる　ケアー

正しくは　KEIR（ケイアーという感じ）

America

日本人にはこう聞こえる　アメリカ

正しくは　AM-MEIR-RIK-KA（アメイリカという感じ）

there

日本人にはこう聞こえる　ゼアー

正しくは　THEIR（ゼイアーという感じ）

こだわり項目 2　Tはラにはならない

　アメリカ英語で起こる現象です。例えば、BETTER がベラーに、LATER がレイラーになる、と勘違いされていました。そのつもりで聞いているとクリアに音が聞こえません。この現象は T が2つ続くときに起こりますが、2番めの T が D のような音になるのが特徴です。（LATER に T は1つですが、3ビートで考えると2つになります。）細かなことを言うと、この D はソフト D と呼び、アクビエリアで発音されています（本当の D はゲップエリア発音です）。日本語のラとは音色が違います。大切なのは、あまり細かいことにとらわれず、シラブル数を正しく聞き取ることです。

Let's try　　　　　　　　　　　　　　　　Track59

BETTER
日本人にはこう聞こえる　ベラー
正しくは　BET-DER（2拍で聞いてください）

LATER
日本人にはこう聞こえる　レイラー
正しくは　LEIT-DER（2拍で聞いてください）

チャレンジ編

こだわり項目3　首の奥で発音されるアとイ

すでに母音のところで勉強しましたが、もう一度確認します。これまで曖昧な音とされ、従来の発音教則本では「弱く言えばよい」とされてきた音があります。ゲップエリアのi（SHIPのイ）や、ゲップエリアのu（HUTのア）です。これまで日本人はこれらの音の存在に気づきませんでした。

Let's try　Track60

ゲップエリアのu（HUTのア）から始まる単語です。

ab̲out　　AB-BOUT
ag̲ain　　AG-GEN
ar̲ound　AR-ROUND
Am̲erica　AM-MER-RIK-KA

ゲップエリアのi（SHIPのイ）が含まれる単語です。

Japa̲nese　JAP-PIN-NIZ
natio̲n　　NEISH-SHIN
Stepha̲nie　STEF-FIN-NI
metho̲d　　METH-THID
visio̲n　　VIZH-ZHIN

111

こだわり項目 4 スペルが A や O でもイ (i) と読む

つづりが A や O なのに、実際には首の奥（ゲップエリア）でイと発音する単語がたくさんあります。本書ではこの音を SHIP のイと呼び、i で表しています。いったんこのことに気づいて意識して聞くようにすれば、聞こえ始めるでしょう。

Let's try
Track61

O なのに i と発音する単語です。

sec**o**nd	SEK-KiND
nati**o**n	NEISH-SHiN
questi**o**n	KWES-CHiN
Washingt**o**n	WASH-SHING-TiN

A なのに i と発音する単語です。

Ev**a**n	EV-ViN
Jap**a**nese	JAP-PiN-NIZ
Steph**a**nie	STEF-FiN-NI
Finl**a**nd	FIN-LiND

112

HINT 母音は楽に感じる音で読む

母音の発音を知るうえで、スペルはあまりあてになりません。どう発音したら一番楽かがネイティブ発音のポイントです。例えば、ネイティブが、EVAN という名前を読むときに、A を i で読むのを一番楽に感じます。

ネイティブでも、初めて見る単語や名前は発音に迷います。特に母音は迷いますが、その場合は、どの発音が最も楽かを考えます。楽に感じられる母音が１つ以上のある名前の場合は、どちらの発音ですかと尋ねましょう。

その感覚は、喉の根元、底で発音する習慣をつけて、喉発音に慣れると、しだいに分かってきます。

こだわり項目 5 スペルにはないのに Y や W が出現

母音と母音がぶつかり合うときに Y や W の音が現れることがよくあります。日本語の名前をネイティブが読むときにもよく起こることです。

Let's try　　　　　　　　　　　　　　　Track62

Y が出現する単語です。

Senior	SIN-YER
Junior	JUN-YER
Million	MIL-YIN
Heian Jingu	HEIY-YAN-JING-GU（W）

Let's try　　　　　　　　　　　　　　　Track63

W が出現する単語です。

Earthquake	EARTH-KWEIK
Ueno	UW-WEN-NO
going	GOW-WING
Naoko	NAW-WOK-KO

チャレンジ編

こだわり項目6　存在しない母音を足してしまう

　PEOPLE という単語で説明します。2番目の P がプに聞こえてしまいます。実際には、子音の P が1つだけなので、PIP-PL と聞こえるのが正しいのですが、日本語の影響で、PIP-PUL（プル）のように聞こえがちです（P に母音のウを足してしまいます）。だからといってコミュニケーションに支障がでるわけではありせんが、こだわる人は、以下の音声を使って練習をしてください。

Let's try　　　　　　　　　　　　　　　　Track64

　わざと母音を足した、間違った発音と正しい発音を聞き比べることで、耳を慣らしましょう。

People
間違った発音　PIP-PUL
正しい発音　PIP-PL

Pickle
間違った発音　PIK-KUL
正しい発音　PIK-KL

　実際に発音してみるとより効果的です。喉発音は、1つ1つ音を丁寧に発音するようになっています。この性質を利用します。わざと間違って喉で発音すると、母音を足しているのが分かります。それに気づいたら、母音を足さなければよいのです。

こだわり項目 7 アなのにオに聞こえてしまう

実は日本語のアの音と同じなのに、オと聞こえてしまう単語がたくさんあります。つづりが o であることに影響されてしまうのでしょう。

Let's try　　　　Track65

単語中の o（もしくは「オ」と思いがちな a）はオではなくてアです。聞いてみましょう。

hot, top, watch
walk, doll

喉の奥で発音されるためにアと言われても、少しオが混じっているように聞こえるかもしれませんが、ネイティブはアと発音しています。皆さんも自信を持ってアと喉発音し、アとして聞き取ってください。

付録

発音練習表の音声は本書付属のCDには含まれていません。
姉妹本『英語喉 50のメソッド』のオフィシャルサイト
(http://www.eigonodo.com)よりダウンロードしてください。

発音練習表

■ 表1 ……… RC01

	A	I	U	Ē	O	a̲	a	i̲	u̲	u
K	K-A copy	K-I keep	K-U cool	K-Ē kept	K-O coal	K-a̲ cat	K-a can't	K-i̲ kiss	K-u̲ cut	K-u cook
S	S-A sock	S-I seam	S-U soon	S-Ē cent	S-O soak	S-a̲ sat	S-a sand	S-i̲ sit	S-u̲ such	S-u soot
T	T-A talk	T-I tease	T-U tool	T-Ē ten	T-O tone	T-a̲ tab	T-a tan	T-i̲ tickle	T-u̲ touch	T-u took
N	N-A not	N-I neat	N-U noon	N-Ē net	N-O note	N-a̲ gnat	N-a nanny	N-i̲ knit	N-u̲ none	N-u nook
F	F-A father	F-I feet	F-U food	F-Ē fell	F-O phone	F-a̲ fat	F-a fan	F-i̲ fit	F-u̲ fun	F-u foot
H	H-A hot	H-I heat	H-U hoop	H-Ē hen	H-O hole	H-a̲ hat	H-a hand	H-i̲ hit	H-u̲ hut	H-u hook
M	M-A mom	M-I mean	M-U moon	M-Ē men	M-O mole	M-a̲ match	M-a man	M-i̲ mit	M-u̲ mug	M-u
Y̲	Y-A yawn	Y-I yeast	Y-U you	Y-Ē yes	Y-O yolk	Y-a̲ yak	Y-a yam	Y-i̲ yip	Y-u̲ young	Y-u
r̲	r-A rot	r-I reap	r-U root	r-Ē rent	r-O roll	r-a̲ rat	r-a ran	r-i̲ rip	r-u̲ run	r-u rookie
l	l-A lot	l-I leak	l-U loot	l-Ē let	l-O loan	l-a̲ lack	l-a land	l-i̲ listen	l-u̲ luck	l-u look
W̲	W-A walk	W-I weak	W-U wound	W-Ē went	W-O won't	W-a̲ wag	W-a	W-i̲ with	W-u̲ won	W-u wood
G	G-A got	G-I gear	G-U goose	G-Ē get	G-O goat	G-a̲ gag	G-a gamble	G-i̲ gift	G-u̲ gun	G-u good
J	J-A jockey	J-I jeans	J-U june	J-Ē jet	J-O joke	J-a̲ Jack	J-a jam	J-i̲ gym	J-u̲ just	J-u
Z	Z-A zombie	Z-I zero	Z-U zoom	Z-Ē zen	Z-O zone	Z-a̲ zap	Z-a	Z-i̲ zip	Z-u̲	Z-u
D̲	D-A dog	D-I deep	D-U do	D-Ē den	D-O don't	D-a̲ dad	D-a damp	D-i̲ did	D-u̲ done	D-u
B	B-A bond	B-I bean	B-U boom	B-Ē bend	B-O bone	B-a̲ bad	B-a band	B-i̲ bit	B-u̲ bud	B-u book
v	v-A volley	v-I veal	v-U	v-Ē vent	v-O vote	v-a̲ vat	v-a van	v-i̲ vintage	v-u̲ vulgar	v-u
P	P-A pot	P-I peat	P-U pool	P-Ē pen	P-O poke	P-a̲ pat	P-a pants	P-i̲ pit	P-u̲ putt	P-u put

付録

■ 表2 ……… RC02

	A<u>u</u>	AI	IU	eI	OI	<u>a</u>U
K	K-A<u>u</u> caught	K-AI kite	K-IU cube	K-eI cake	K-OI coin	K-<u>a</u>U couch
S	S-A<u>u</u> sought	S-AI sight	S-IU	S-eI say	S-OI soy	S-<u>a</u>U south
T	T-A<u>u</u> taught	T-AI type	T-IU	T-eI tape	T-OI toy	T-<u>a</u>U towel
N	N-A<u>u</u> gnaw	N-AI night	N-IU	N-eI nape	N-OI noise	N-<u>a</u>U now
F	F-A<u>u</u> fought	F-AI fight	F-IU few	F-eI fate	F-OI foil	F-<u>a</u>U foul
H	H-A<u>u</u> halt	H-AI height	H-IU Hugh	H-eI hey	H-OI hoist	H-<u>a</u>U house
M	M-A<u>u</u> malt	M-AI Mike	M-IU mute	M-eI may	M-OI moist	M-<u>a</u>U mouse
<u>Y</u>	Y-A<u>u</u> yacht	Y-AI	Y-IU	Y-eI yea	Y-OI	Y-<u>a</u>U
<u>r</u>	r-A<u>u</u> raw	r-AI rise	r-IU reunion	r-eI raise	r-OI Roy	r-<u>a</u>U route
l	l-A<u>u</u> lawn	l-AI lie	l-IU	l-eI lay	l-OI lawyer	l-<u>a</u>U louse
<u>W</u>	W-A<u>u</u>	W-AI wine	W-IU	W-eI wait	W-OI	W-<u>a</u>U wow
G	G-A<u>u</u> golf	G-AI guy	G-IU	G-eI gate	G-OI	G-<u>a</u>U gown
J	J-A<u>u</u> jaw	J-AI jive	J-IU	J-eI Jason	J-OI joy	J-<u>a</u>U joust
Z	Z-A<u>u</u> result	Z-AI resign	Z-IU	Z-eI	Z-OI	Z-<u>a</u>U
<u>D</u>	D-A<u>u</u> dawn	D-AI dine	D-IU	D-eI date	D-OI doiley	D-<u>a</u>U doubt
B	B-A<u>u</u> bought	B-AI bicycle	B-IU beauty	B-eI bay	B-OI boy	B-<u>a</u>U bounce
v	v-A<u>u</u> vault	v-AI vine	v-IU view	v-eI vacant	v-OI void	v-<u>a</u>U vow
P	P-A<u>u</u> pause	P-AI pine	P-IU pewter	P-eI pay	P-OI poison	P-<u>a</u>U power

発音練習表

■ 表3 …… RC03

	A	I	U	Ē	O	a	a	i	u	u
SH	*SH*-A shop	*SH*-I sheep	*SH*-U shoe	*SH*-Ē chef	*SH*-O show	*SH*-a shadow	*SH*-a shampoo	*SH*-i ship	*SH*-u shut	*SH*-u shook
CH	*CH*-A chop	*CH*-I cheap	*CH*-U choose	*CH*-Ē check	*CH*-O chose	*CH*-a chat	*CH*-a chant	*CH*-i chip	*CH*-u Chuck	*CH*-u
th	*th*-A	*th*-I thief	*th*-U	*th*-Ē theft	*th*-O	*th*-a	*th*-a	*th*-i thin	*th*-u thumb	*th*-u
th	th-A	th-I these	th-U	th-Ē then	th-O those	th-a that	th-a than	th-i this	th-u the	th-u

■ 表4 …… RC04

	Au	AI	IU	eI	OI	aU
SH	*SH*-Au shock	*SH*-AI shine	*SH*-IU	*SH*-eI shape	*SH*-OI	*SH*-aU shout
CH	*CH*-Au chalk	*CH*-AI chime	*CH*-IU	*CH*-eI chain	*CH*-OI choice	*CH*-aU chowder
th	*th*-Au thought	*th*-AI thigh	*th*-IU	*th*-eI thank	*th*-OI	*th*-aU thousand
th	th-Au	th-AI thy	th-IU	th-eI they	th-OI	th-aU thou

付録

■ 表5 ······ RC05

	Er	Or
K	*K*-<u>E</u>r _{curve}	*K*-<u>O</u>r _{cord}
S	*S*-<u>E</u>r _{serve}	*S*-<u>O</u>r _{sort}
T	*T*-<u>E</u>r _{term}	*T*-<u>O</u>r _{torn}
N	*N*-<u>E</u>r _{nurse}	*N*-<u>O</u>r _{nor}
F	*F*-<u>E</u>r _{fur}	*F*-<u>O</u>r _{four}
H	*H*-<u>E</u>r _{her}	*H*-<u>O</u>r _{horn}
M	*M*-<u>E</u>r _{murder}	*M*-<u>O</u>r _{more}
<u>Y</u>	*Y*-<u>E</u>r _{yearn}	*Y*-<u>O</u>r _{your}
<u>r</u>	r-<u>E</u>r	r-<u>O</u>r _{roar}
l	l-<u>E</u>r _{learn}	l-<u>O</u>r _{lord}
<u>W</u>	*W*-<u>E</u>r _{were}	*W*-<u>O</u>r _{wore}
G	*G*-<u>E</u>r _{girl}	*G*-<u>O</u>r _{gorge}
J	*J*-<u>E</u>r _{jury}	*J*-<u>O</u>r _{George}
Z	*Z*-<u>E</u>r	*Z*-<u>O</u>r
<u>D</u>	<u>D</u>-<u>E</u>r _{dirt}	<u>D</u>-<u>O</u>r _{door}
B	B-<u>E</u>r _{bird}	B-<u>O</u>r _{bored}
v	v-<u>E</u>r _{verse}	v-<u>O</u>r _{vortex}
P	*P*-<u>E</u>r _{person}	*P*-<u>O</u>r _{port}

■ 表6 ······ RC06

	Er	Or
SH	*SH*-<u>E</u>r _{shirt}	*SH*-<u>O</u>r _{shore}
CH	*CH*-<u>E</u>r _{church}	*CH*-<u>O</u>r _{chore}
th	*th*-<u>E</u>r _{third}	*th*-<u>O</u>r _{thorn}
th	th-<u>E</u>r	th-<u>O</u>r

発音練習表

■表7　ネイティブメソッド子音抽出練習表

A	I	U	E	O
KA	KI	KU	KE	KO
SA	*SI*	SU	SE	SO
SHA	SHI	*SHU*	*SHE*	*SHO*
TA	*TI*	*TU*	TE	TO
CHA	CHI	*CHU*	*CHE*	*CHO*
NA	NI	NU	NE	NO
HA	HI	*HU*	HE	HO
FA	*FI*	FU	*FE*	*FO*
MA	MI	MU	ME	MO
YA	*YI*	YU	*YE*	YO
WA	*WI*	*WU*	*WE*	*WO*
GA	GI	GU	GE	GO
ZA	*ZI*	ZU	ZE	ZO
DA	*DI*	*DU*	DE	DO
JA	JI	*JU*	*JE*	*JO*
BA	BI	BU	BE	BO
PA	PI	PU	PE	PO

あ と が き

アメリカ英語以外の英語はどうする？

　シラブルのリズムさえ聞こえれば、本書で勉強したアメリカ英語以外の英語も理解することができます。なぜでしょうか。

　子音に関しては、喉の発音位置が英語の種類によって違うことがあり、音の響き方が微妙に変わるものがありますが、理解できないほどではありません。顕著な変化をみせるのは母音ですが、これも恐れる必要はありません。母音の違いは「予想しやすい形」で起こります。

　例えばアメリカ英語で、アクビエリア発音の音が、イギリス英語ではゲップエリア発音であったりします。音が規則性をもって、ごっそりと入れ代ることもあります（アメリカ英語で SHIP のイに当たる音が、他の国の英語だと SHEEP のイであることもあります）。ややこしく聞こえますが、母音の違いは規則性をもって起こりますので容易に慣れることができます。

　アメリカ人が、あまりに違う英語をしゃべる人、例えばスコットランド英語を聞くと、しばらくは面食らいますが、数分で母音のパターンをつかんで、理解ができるようになります。

　英語には色々な変種がありますが、3ビートだけは、共通して

います。ボンボンボンの音さえ聞こえれば、子音や母音の違いはすぐに慣れるでしょう。しゃべっているうちに、慣れてくるものですから、あまり心配しないでください。

今後の勉強方法

　本書を読まれた後、どのように英語を勉強するとよいでしょうか。

　英語でコミュニケーションをするためには、文法と語彙、そして異文化に対する理解と知識が大切になります。これらのことを実際の対話、交流の中で学んでいきましょう。

　文法に関しては、ネイティブとの会話のなかで出てきた表現などを元に、英語の文法のパターンを自分で作ります。例えばネイティブは過去を表現するのにどのような言い方をするでしょうか。こんなときは単に ED をつけた、こんなときは HAVE ＋過去完了を使った、こんなときは USED TO を使った、という経験を積むなかで自分の頭の中で自分自身の英語文法を作り上げます。

　もちろん、自分で文法書を勉強することも大切です。しかし、その知識をうまく使って、実際の会話の経験に基づいて、頭の中で、文法を整理しない限りは英語がしゃべれるようになりません。

頭の外にある文法の本を何回繰り返し読んでも使えるようにならないのは、実体験に基づかない知識は脳の中の「使えない部分」に収納されてしまうからでしょう。

　語彙も同じです。英語を使う中で、分からなかった単語を覚えましょう。こんなことが言いたかったのに言えなかった、という経験に基づいて単語を覚えてください。実際の会話で出てくる単語は使える単語です。脳の中でも、すぐに取り出せる場所に収納されるのでしょう。単語集や熟語集で覚えた単語は、使うことで、本当に使える語彙にしていきましょう。

　喉と３ビートを心掛ければ、英語が聞こえ、言えるようになります。この「聞ける」「言える」を利用して、英会話という実践を積み、実際の会話に基づいて文法を学び、語彙を増やすのです。よく考えてみると、この方法は、ネイティブの子供が英語を学ぶプロセスと同じなのです。

　このように実践を通じて英語を学んでいると、自然と異文化の友人も増えるでしょう。堅苦しく考えることなく、自然体でゆっくりと、心と心の交流を通じて異文化を学んでいきましょう。

●● 著者プロフィール ●●

上川一秋（うえかわ かずあき）

広島県安芸津町出身。同志社大学（英文科）卒業後、大阪市の高校にて英語科教諭。その後、シカゴ大学（米国イリノイ州）にて修士号及び博士号（社会学）を取得。日本学術振興会特別研究員を経て、現在は教育政策系コンサルティング分野のアナリスト。専門は教育社会学、リサーチメソッド、統計分析。米国ワシントンDC在住。

ジーナ ジョージ（Jeana George）

米国オハイオ州デイトン出身。オハイオ州アクロン大学（芸術学部グラフィックデザイン専攻）卒業。グラフィックデザイン、マーケティング、多国籍企業のための宣伝広告の分野で10年のキャリアを経験。ラトガーズ大学（ニュージャージー州）にて、日本語と日本文化を学ぶ。立命館大学の国際学生プログラムに1年参加。教育測定、教材テスト開発系コンサルティング分野でのグラフィックデザイナー。大規模のプロジェクトマネージメントも手がける。米国ワシントンDC在住。

■ 著者ウェブサイト
　http://www.nippondream.com
■ 英語喉サイト
　http://www.eigonodo.com

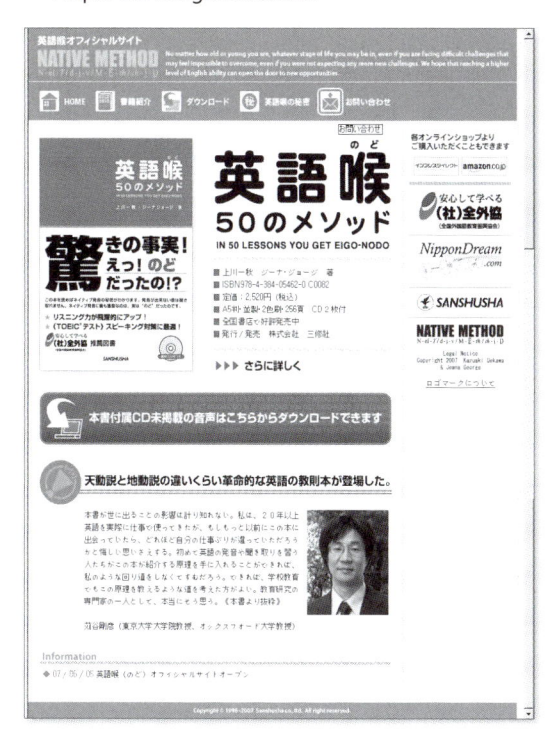

機関銃英語が聴き取れる！
―リスニングの鍵はシラブルとビート―

2009年6月20日　第1刷発行

著　者　　上川一秋
　　　　　ジーナ ジョージ
発行者　　前田俊秀
発行所　　株式会社 三修社
　　　　　〒150-0001　東京都渋谷区神宮前2-2-22
　　　　　TEL 03-3405-4511　FAX 03-3405-4522
　　　　　http://www.sanshusha.co.jp
　　　　　振替 00190-9-72758
　　　　　編集担当　安田美佳子
印刷・製本　広研印刷株式会社
CD制作　　中録サービス株式会社

Ⓒ K.UEKAWA & J.GEORGE 2009 Printed in Japan
ISBN978-4-384-05531-3 C0082

R <日本複写権センター委託出版物>
本書を無断で複写複製（コピー）することは、著作権法上の例外を除き、禁じられています。本書をコピーされる場合は、事前に日本複写権センター（JRRC）の許諾を受けてください。
JRRC http://www.jrrc.or.jp
eメール：info@jrrc.or.jp
電話：03-3401-2382

本文・カバーデザイン：(有) ウィッチクラフト